この世界のどこかに、
悩みを抱えた人の前に忽然と姿を現し
「出会えれば誰もがしあわせになれる」と言われる、
ふしぎな劇場が存在しているという――。

地平線を
追いかけて
満員電車を

降りてみた

自分と向き合う物語

紀里谷和明
KAZUAKI KIRIYA

文響社

目次

○第1話○

成功したいあなたへ

○第3話○

やりたいことが見つからないあなたへ

○第4話○

仕事がうまくいっていないあなたへ……245

○第5話○ 人生をあきらめかけているあなたへ……339

この物語は実話を元に創作したものであり、
すべてが実践によって検証済みである。

第1話

成功したいあなたへ

あなたが欲しくて欲しくてたまらないもの、なのですよね？ その正体は、何ですか？

あなたは、いくらあればしあわせになれると思うのですか？

あ な た は 、 嘘 を つ い て い ま す ね ？

したいに決まってるじゃないですか！

その脅しを信じ込んでしまうわたしたちは、欲しくもないものを買うために必死に働く。ときにはやりたくないことをやってでも。

お金を手にすれば、あなたはほんとうに満たされるのですか？

どうしても、この
欲求を捨てられ
る気がしません

あなたが他人と「比べる」ことでしか物事の価値を測れないような視点を、知らず知らず持たされてしまったからです。

すげーダサいっすね、俺……。
やっぱ社長になんなきゃダメだな。

誰だって、人からうらやましがら

「お金で買えるしあわせ」ってあると思うんですよ。違いますか？

ほんとうは
何も得なくて
もいいかもし
れないのに。

ガッシャーン。

薄暗い繁華街の路地裏で、翔太はゴミ捨て場にドサッと倒れ込んだ。

「お客様が、ちゃんとお支払いしてくださらないから」

明らかにカタギではない、屈強な黒服の男たちが、ニヤニヤとした卑しい笑いに似合わない丁寧な口調で語りかける。

「ふざけん……」

反論しようとした瞬間、ふたたびグイッと胸ぐらをつかまれた。頬に一発。さらに別の男が、バタリと倒れ込んだ翔太の腹を、足で蹴り上げた。

「うっ……」

9月の終わりとはいえ、風通しの悪いこのあたりは、蒸し風呂のようにむわっと澱んだ空気が立ち込めていた。翔太の顔は、汗なのか涙なのかわからない水分でぐちゃぐちゃになり、そこに血まで混じっているという有様だった。

最後に、一人の男が翔太の髪の毛を思い切りつかみ、その歪んだ顔を近づけてきた。

「お前みたいな貧乏サラリーマンが来る店じゃねえんだよ」

捨て台詞を投げかけ、笑いながら男たちは去っていった。

「痛……」

口の中が切れて鉄の味がする。顔から腹から手から足から、体のいたるところから痛みが訪れて、もうどこが痛いのかもわからない。ゴロゴロと転がる酒瓶の音を頭の奥で聞きながら、翔太は静かに目を閉じた――。


どれだけ時間がすぎたのだろう。

目を開けると、薄暗い中に、あたたかなオレンジ色の光がぼんやりと見える。

眼球だけを動かすと、仕立てのいい黒いジャケットをはおった老紳士が、グラスにコポコポと水を注いでいるのが目に入った。

いくらあれば、しあわせになれるか？

翔太　あれ……。
支配人　目が覚めましたか？
翔太　え、ええ……。あの、俺……。痛っ！
支配人　ああ、動かないで。まだ傷が。
翔太　痛え……。
支配人　ほら、もうしばらく安静にしておかないと。水、一口いかがですか？
翔太　あ、ありがとうございます……っていうか、あなた……誰ですか？
支配人　申し遅れました。わたしはこの劇場の支配人をしている者です。
翔太　劇場？　なんで劇場……。ああ、あれ、舞台……？
支配人　はい。あなたが近くの道で倒れていらしたので、こちらまでお運びしたのです。
しかし頬、だいぶ腫れてきましたね。あとで、きちんと病院に行かれたほうがいい。

翔太　それは……ご親切にありがとうございます。……っていうか、こんなとこに劇場なんてありましたっけ？

支配人　ええ。めったに開いていないので、気づかれないことも多いのですが。

翔太　そうでしたっけ……。

支配人　それにしても、どうしてそんな傷を？

翔太　ああ……これですか？　ぼったくりの店で殴られちゃって。

支配人　ぼったくり？

翔太　はい。今日、俺、営業ノルマを達成して、電話で上司に報告したらめちゃくちゃほめられたんですよ。それで、いい気分だったんで、帰りに客引きに声かけられてそのまま飲みに行ったんです。そしたら、ビール一杯とおつまみちょっとで、9万だって。しかもまだ一口も飲んでないのにお会計とか言って、ふざけやがって……。あー、思い出したら腹立ってきた！

支配人　それで、お支払いはされたのですか？

翔太　まさか！　「こんなのおかしい。ぼったくりだ！」って怒鳴ったんです。そしたら、店の奥から怖そうなヤツらが出てきて、このとおり。ボッコボコですよ。

支配人　それはひどい話ですね。

翔太　あー、がんばって転職して、有名なＩＴ企業にやっと入れて、順調に成果出してここまできたのに。すげーダサいっすね、俺……。やっぱ社長になんなきゃダメだな。

支配人　社長ですか？

翔太　はい。社長になって、お金がたくさんあれば、９万くらい軽く払えるじゃないですか。そうなったら、あいつらなんて、札束でひっぱたいて奴隷にしてやりますよ！　あー、もっとお金欲しい！

支配人　お金が欲しい？　あなたには、そんなに欲しいものがあるのですか？

翔太　そりゃあたくさんありますよ！　いい車にも乗りたいし、ブランドものの服も着たい。タワーマンションの最上階に住んで、ホームパーティーも開きたい。そのためには、たくさんお金がいるじゃないですか。あっ、もちろん努力もしてますよ。ダラダラすごさないよう、もうずいぶん前にテレビは捨てましたし、ほかにも本をたくさん読んだりとか……。

支配人　そうですか……。

翔太　たとえばこの本。最近すごく売れてるんですけど、知りません？

支配人　『強く願えば欲しいものはすべて手に入る』。

翔太　はい。欲しいものを強く心の中に思い描いて、潜在意識にまで刷り込むんです。なるべく具体的に。あたかもそれがすでに手に入っているかのような感じで。だから、スマホの待ち受けも、ほら。あ、さっきので画面が割れちゃってる……。

支配人　これは、フェラーリですか？

翔太　はい。フェラーリ初のハイブリッドカー、1億6000万以上もする「ラ・フェラーリ」です。これ、すごいんですよ。日本語に訳すと、「フェラーリ中のフェラーリ」っていう意味なんです。これを朝起きたときとか夜寝る前とか、ひまがあったら眺めるようにしてます。

支配人　どうしてそんなに、フェラーリが欲しいのですか？

翔太　どうして……って、お金持ちの象徴じゃないですか？　カッコいいし、絶対にモテるし。

支配人　それほどお金が欲しいと。ではあなたは、**いくらあればしあわせになれると思うのですか？**

翔太　えっ。そんなの、あればあるだけいいに決まってるじゃないですか。1億でも、100億でも。あ、もちろん、お金で買えないしあわせもある、っていう言葉は知ってますし、それも否定しません。でも、それと同じくらい「お金で買えるしあわせ」ってあると思うんですよ。違います？

支配人 お気持ちはわかります。わたしも昔、あなたとまったく同じことを考えていましたから。

翔太 そうなんですか？

支配人 ええ。昔の話ですが、あなたと同じように富に憧れ、これ以上ないほどの経済的豊かさを得たことがあります。

翔太 え、経済的な豊かさ……って、どれくらい？　どれくらいお金持ちだったんですか!?

支配人 そうですね。あなたが「お金持ち」と思っている人と同じくらいでしょうか。欲しいものを欲しいだけ買える生活を送っていました。

翔太 欲しいものを欲しいだけ……って、家も？　車も？　ああそれ、本物のお金持ちじゃないですか！　すげー！　いやあ、うれしいです。やっと正真正銘の勝ち組の人に会えたって感じです。きっと今日殴られたのも、何かのご縁ですね！

　それで、お金持ちってどんな気分でした？　やっぱり、めちゃくちゃ気持ちいいんでしょ？　最高の気分なんでしょ!?

支配人　いいえ。まったく。
翔太　は？
支配人　まったく、心地よいものではありませんでした。
翔太　いやいや、そんなはずないでしょう？　だって、お金持ちなんですよ？　欲しいものは何でも買えるんだし、いいことしか……。
支配人　ええ。たしかに経済的には何も不満はありませんでした。しかし、あなたが想像されているような満たされた気持ちにはなれなかった。それが、現実でした。

この人、調子が狂うな……。それが翔太の本音だった。

彼から漂うそこはかとない品格は、間違いなく金銭的な余裕に裏付けられている。

それなのに、翔太が望むような「お金持ち」になっても「まったく心地よくなかった」という発言は、どうにも怪しいものに感じられた。

翔太は、劇場の硬い椅子に座り直し、その思いを正直に伝えた。

すべてを手放したのです

翔太 あの……失礼なことを言うようですけど、あなたは、嘘をついていますね？

支配人 どういうことでしょう？

翔太 実際お金持ちの人たちって「お金があるだけではしあわせになれない」とか、よく言うじゃないですか。でも、俺はそれを「彼らが、自分の富を独占するための方便」だと思ってるんです。もしくは、「お金より大事なものがある」って言ったほうがカッコいいから、そんなふうに言ってるんじゃないか、って疑ってます。

支配人 ははは。だいぶ屈折されてますね。

翔太 いやいや、屈折してるのはあなたでしょう？　自分を良く見せるために、嘘をついてるんじゃないですか？

支配人 あなたに良く見られて、わたしに何の得があるのでしょう？

翔太 ……知りませんよ！　だって、お金があるのに満たされないなんて、どう考えたっておかしいでしょう!?

支配人　おかしいと思いますよね。しかし実際、そうだったのです。当時のわたしには混乱しかありませんでした。

翔太　混乱？　お金があるのに？　どういうことですか？

支配人　ある夜のことです。わたしは突然、いてもたってもいられなくなって、自分が持っているすべてのものを捨てたくなってしまったのです。いや、捨てざるを得なくなったというほうが正しいでしょうか。自宅のクローゼットを開け、引き出しを開け、狂ったようにものを捨て続けました。中にはまだ袖を通していないオーダーメイドのスーツも、高級な時計もありました。とても気に入っていた車も、海外に建てた家も、すべてを手放したのです。

翔太　え!?　家まで手放したんですか？　そんなもったいない……。あまりにも極端すぎるでしょう……。どうして捨てる必要があったんですか？

支配人　それはわたしにもよくわかりませんでした。ただ、今思うのは、ものを捨てることで、自分にほんとうに必要なものは何なのかを知りたかったのだと思います。

翔太　ほんとうに必要なもの？　それはお金じゃなかったということですか？

支配人　はい。今になって思うのは、わたしは物質的に満たされることを、それほど求めていたわけではなかったのです。それなのに当時は、深く考えることもなく、当たり前のように経済的強者になろうとしていた。そんな自分に愕然《がくぜん》とし、それをしずめるためにものを捨てたのかもしれません。

翔太 えっと……、そう言ったほうがカッコいいから、とかじゃなくて？

支配人 先程からあなたは、何を恐れているのですか？

翔太 恐れて……？　いや、何も恐れていませんよ！　だって常識として、お金ってあったほうが絶対にいいに決まってますよね⁉　きれいごと抜きで。

支配人 誤解しないでいただきたい。わたしは「お金を持つのが悪いことだ」と言っているわけではありません。

翔太 え、違うんですか？

支配人 はい。お金を持つことについての善悪など、はっきり言ってどうでもよいのです。それはわたしが決めることではありません。

翔太 じゃあ、何が言いたいんですか⁉

支配人 重要なのは、**あなたが何を欲しがっているのか**ということです。

翔太 だから俺はお金が欲しいって……。

支配人 何のために？　お金を手にすれば、あなたはほんとうに満たされるのですか？

翔太 み……満たされると思いますよ。

支配人　思いますか？　ということは、確信はないということですね？

翔太　でも、お金があったら、今日みたいな目にもあわなかったし……。ないよりあったほうがいいに決まってるじゃないですか。

支配人　ないよりあったほうがいい。それは、あるにこしたことはないけれど「なくてもなんとかなる」ということですか？

翔太　そんな、揚げ足とるようなこと……。

支配人　たとえば、「命って必要ですか？」と問われたら、「命はないよりあったほうがいい」と答えますか？　絶対に不可欠なものに対してそんな言い方は決してしないのではないでしょうか。

翔太　うーん……。

支配人　つまりお金を得ることが最終目的でないとしたら、ほんとうはあなたは、何を求めているのでしょうか？

劇場の薄暗い光の中で、白髪まじりのヒゲが優しく動くのが見えた。
この人が、どんな社会的成功を収めた人かはわからない。でも、今はこうして、

さびれた小さな劇場の支配人をしている。
昔は大金持ちだったという彼は、みずからそこを抜け出したという。翔太が喉から手が出るほど欲しい、高級車や広大な家を手放してまで。
その思考回路は、翔太にはまったく理解できなかった。ただ、謎だらけのこの老紳士は、とにかく顔の端々まで満たされた表情をしていた。

お金がないと、モテない

翔太　俺がほんとうは、何を求めているのか？

支配人　そうです。あなたが欲しいのはお金ではなく、お金によって手に入る、何か別のものかもしれない。考えてみてください。あなたはどうして、お金が欲しいのですか？

翔太　だって……、お金があったほうが絶対に女の子にモテるじゃないですか。

支配人　モテる。

翔太　はい。まあ、男なら誰でもそうだと思いますけど。結局、モテるためには、ある程度お金を持っておかないといけないんじゃないかと思ってて。

支配人　お金がないとモテない？　どうしてそう思われるのでしょう？

翔太　どうしてって……、どう考えたってお金があったほうがモテるでしょう。

支配人　そうでしょうか？

翔太　だって、太ってて顔もさほどイケてないおじさんでも、お金があるってだけで、美人と結婚してるじゃないですか。だから、俺みたいに、顔もスタイルも中の中くらいの人間だと、お金くらい持ってないとモテないですよ。

支配人　でも、いくら美人だからといって、あなた自身ではなく「あなたのお金が好き」という女性から好かれて、あなたはうれしいのですか？

翔太　まあ、そう言われると多少ひっかかりますけど、モテないよりかはモテたほうがいいじゃないですか。それに、お金がないとデートにも行けないし……。

支配人　デート？　公園でデートすれば、お金はかかりませんよ？

翔太　ははは！　公園って！　今どき中学生でもそんなデートしてないですよ。現実的に考えて、それじゃダメなんです。俺、貧乏時代があったからよくわかるんですよ。

支配人 貧乏時代？

翔太 ええ。今の会社に入る前、俺、新卒で入った会社を1年で飛び出したんです。それで、転職活動中に、短期の派遣社員の仕事を渡り歩いてた時期があって。日雇い労働みたいなことも、つなぎでやらなくちゃいけなくて。

支配人 それと、モテたいこととはどう関係が？

翔太 話せば長くなるんですけど……。そのころ、俺がそんな状態だと知りながらも好きになって告白してくれて、付き合ってた女の子がいたんです。当時なけなしの金をはたいて通っていた英会話学校で知り合った子でした。

俺も彼女のことが大好きでした。肉体労働してても、そのあと会えると思うと、何もつらくないって思える、俺にとって天使のような存在でした。いつも明るくって屈託のない笑顔で。俺が悲しんでいるときは心底一緒に悲しんでくれる、そんな子でした……。

翔太は、学校の帰り、二人並んで歩いた時間を思い出した。空気の澄んだ、ちょうど今と同じ秋の夜だった。

とても大事に育てられたのだろう。父親から、帰りを心配するメールがしょっちゅう届いていた。

「もう大人なのに心配しすぎだよね」

無邪気に笑いかけてくる彼女の声を聞きながら、翔太はじっと道の先を見つめていた。

というのも、彼女は、裕福な家庭で育った一人娘だったのだ。

彼女の立ち居振る舞いや言葉遣いに、ある種の神々しさを感じていた翔太は、ある日友人から「知ってる？　彼女のお父さんって、あの会社の取締役なんだよ」と聞いて合点がいった。友人の視線の先には誰もが知る日本最大手の自動車メーカーの看板があった。

きっと一等地にある大きな家に住み、日常的に高級なものを食べ、欲しいものは何でも買ってもらえる生活を送っているのだろう。

しかし彼女はそんな出自であることを鼻にかけるどころか、気さくで明るく堅実な、いわゆる「いい子」だった。

ただ、安定した収入もなかった当時の翔太にとっては、彼女のそんな清らかさが、同時に苦しみの原因でもあった。

もし彼女と結婚するとしても、彼女に裕福な暮らしをさせてあげることはできない。

このまま俺なんかと一緒にいたら、この子はきっと親戚中の笑いものになってしまう。

しかも日雇い労働なんかしている俺との付き合いを、彼女の父親は許してくれないだろう。

彼女に会うたび、罪悪感で胸が苦しくなった。

今の自分には、まだ彼女と付き合う資格はない。俺なんかが彼女と付き合っていてはいけないんだ――。

そう思った翔太は、みずから連絡を断った。

もっと自分が成長したら、きっと迎えに行こう。そのためにも努力しなければ。

もっと……。もっともっと……。

モテている人だと思われたい

翔太　彼女はその後、何度も何度も連絡をくれました。でも俺は、そのたびに「まだ電話に出ちゃいけないんだ」と自分に言い聞かせました。結局、電話に出られたことは一度もありませんでした。もちろん出たかった。出たかったんです。だけど……。

支配人　しかしそれは、お金のあるなし関係なく、好きになってくれる人がいたということですよね。

翔太　でももし俺にお金があれば、彼女の思いを真正面から受け止められたはずなんだ……。結局その後、彼女とは完全に音信不通になってしまいました。あのとき、俺にお金があればって、何度も何度も悔いました。何度も何度も自分を責めました……。ああ、もう、いいんです！　こんな古い話。終わった話ですから。俺はもう忘れたいんです。だから今は、とにかく金持ちになってモデルみたいに美人な彼女を手に入れたいんです。そうすれば、きっと忘れられるはずなんです……。

支配人 なるほど、しかし、あなたはどうして、美人の彼女が欲しいと思われるのでしょうか？

翔太 えっ？ なぜかって？ うーん、誰だって、彼女はきれいなほうがいいんじゃないでしょうか。そこに理由なんて存在するのかなあ。

支配人 **誰だって、ではなく、あなたはどうなのか。それを考えてみてください。**あなた自身は、なぜ「きれいな彼女」が欲しいのか。

翔太 うーん、俺自身が……？ だってきれいなほうが……。

支配人 では、たとえば、あなたがものすごい美人と一緒にいる。そういった場面を想像してみてください。その彼女と、とても豪華なレストランに高級車で乗りつけ、ディナーを楽しんでいたとします。

翔太 はい。俺は、今、とてつもない美女と、高級レストランにいるわけですね。

支配人 ええ。あなたの好きな女優さんを想像してもかまいません。ゴージャスで、広い空間の中、楽しく彼女と会話をしています。

翔太 女優……。ああ、すっごく気分がいいでしょうね。大勢の人たちが、ポカンと口を開けて俺を見ている。

支配人 そうです。あなたはずっと夢見ていた「モテる」という願望を実現しているのです。しかし、こんなことが起こります。彼女の父親が急に倒れたと連絡が入り、マネージャーがもう車をレストランの前まで回してきている。彼女は、「ごめんね！」とだけ言い、レストランを突然飛び出し、あなたは一人になってしまいました。突然、ポツンと取り残されたあなた。そのとき、いったいどんな気分でしょうか？

翔太 えっ、びっくりするかな……。だってほとんど何の説明もなしにその場からいなくなってしまうんですもんね？　だったら……いきなり高級レストランの席で一人にされると、挙動不審になる気がします。

支配人 挙動不審、というと？

翔太 なんかまわりから「あいつ一人だ」とか「ふられてやがる」って思われている気がして。なんか俺だけ、場違いだなっていうか、「いきなり一人にしないでよ」っていうか……。

支配人 彼女のお父さんが倒れたことについては？

翔太 えっ？

支配人 あなたは彼女や、彼女のお父さんへの心配よりも、自分がどう見られるか。そちらのほうが気になる、ということですか？

翔太　自分がどう見られるか？　そうか、俺、自分のことしか考えてないですね……。

支配人　今の話からすると、あなたが求めているのは、「モテる」という事象ではなく「モテている人だと思われたい」。そういうことではないでしょうか？

モテたいという願望を口に出すのは、それほど恥ずかしくはなかった。「モテたいからバンドを始めた」というミュージシャンもいるくらい、男性にはよくある願望だと思っていた。だからこそ、深く考えることもしなかった。

しかし、支配人から自分の願望が「モテている人だと思われたい」だと言われたとき、心臓に枯れ草の先っぽでも刺さったかのように、胸の奥がチクリとした。

「モテている人だと思われたい」。

翔太はその言葉を反芻し、思いがけず、急に顔に血がのぼっていくのを感じた。

誰からうらやましがられたいのですか？

翔太　でも……何が悪いんですか？

支配人　悪い？

翔太　「モテてると思われたい」ってことがですよ！　世の中に「あいつはモテないヤツだ」なんて言われたい人います？　いないでしょ？

支配人　ですから、一般論というのは、ここでは何の意味もありません。あなた自身がどう思っているのか、それだけが現実です。

翔太　だから、さっきから何なんですか。俺だけじゃなく、誰だって、人からうらやましがられたいに決まってるじゃないですか！

支配人　うらやましがられたい。いいですね。あなたは今、「みんな」を隠れ箕《みの》にしてではありますが、自分の本音に一歩近づいたようです。

翔太　いや、別にそう認めたわけじゃないんだけど……。

支配人　そうやって否定したくなるのは、あなたが「うらやましがられたいと思うことは醜い」と感じているからではないですか？　その感情を「情けない」とタブーにせず、事実として認めましょう。あなたは、人にうらやましがられたいのですよね？

翔太　……そうだったとして、何だって言うんですか……？

支配人　ではいったい、あなたは誰からうらやましがられたいのでしょうか？

翔太　え、誰から？

支配人　はい。誰から？

翔太　そんなの……いろんな人からじゃないですか？　詳しく考えたことがないからよくわからないけど……。

支配人　でしたら今、考えてみましょう。実際あなたは、誰からうらやましがられたいのですか？

翔太　そりゃもちろん女性にすごいって思われたら……。いや、あれ？

支配人　どうしました？

翔太　俺がうらやましがられたいのは女の子からじゃない。……もしかしたら、同性からかもしれない。

支配人　同性から？

翔太　そう……ですね。同性から、うらやましいと思われたい。いや、もっといえば

「世間」からだ！　俺は「世間」からうらやましがられたいのかもしれない!?

支配人　なるほど。いいですね。どんどん核心に迫っているように見えます。では、もしもあなたがすでに、「世間から明らかにうらやましがられる存在」であったとしたら、そのときは、異性からモテる必要はなくなるのでしょうか？

翔太　ええと……はい……。まあ、それなら、あえてモテる必要もないような気がします。あくまで、世間的に見て、まわりの誰もがうらやむような生活を俺が送れているなら……ですけど。

支配人　そのときはもう、モテたいとは考えない？

翔太　もちろん本能的な欲求として、彼女が欲しいとは思うかもしれませんが。ただ漠然と「モテたい」という思いは、そのときにはないような気がします。だってすでに「人にうらやましがられている」っていう前提ですもんね。

支配人　では「モテる」以外で人からうらやましがられる方法があるとします。それが実現したら、もう「モテる」ということでうらやましがられる必要はなくなりますか？

翔太　まあ……、仮に、そんな方法があればですけど……。

支配人　気づいていますか？　あなたの欲求は、どんどん核心に近づいています。

翔太　核心？　どういうことです？

支配人　「ほんとうに欲しいものは何か？」ということです。

翔太　お金じゃなくて？

支配人　そう、最初は「とにかくお金が欲しい」でした。でも、その奥に「モテたい」という欲求が潜んでいました。そして、「モテたい」の奥にも「うらやましがられたい」という欲求が潜んでいた。

翔太　……。

支配人　どうやらまだ、もっと深いところに理由がありそうです。**あなたがそうまでして求めている「うらやましがられる」というのは、いったい何なのでしょう？**

翔太　えっ、うらやましがられるって何か？

支配人　はい。あなたが欲しくて欲しくてたまらないもの、なのですよね？　その正体は、何ですか？

翔太　何って言われても……。何なんでしょう。

支配人　往々にして人とはそういうものです。そんなに欲しいものなのに、あまり深くは考えようともしない。お金とか、フェラーリとか、物質的なものはわかりやすく「欲しい」と言えるのに、自分のほんとうの声は無視してしまう。しかし、そこにしか答えはないのです。さあ「うらやましがられる」とは、あなたがどうなりたいということですか?

翔太 俺がどうなりたいってことか……? それは……俺が「バカにされたくない」ってことかもしれないですね……。

支配人 バカにされたくない。もう少し噛み砕いて言うと?

翔太 えっと……人から下に見られたくない、みたいなことでしょうか。

支配人 人から下に見られたくない。なるほど。ただ、「バカにされたくない」ということと「下に見られたくない」ということは、似ているようで異質なものに思えます。そうすると、あなたがおっしゃる「下に見られたくない」という欲求が具体的にどういうことなのかを、さらにひもといていかなければなりません。

翔太 そう言われても、それ以外思い浮かばないです。ああ、こんなに突き詰めて考えたのは初めてなので、頭ん中ぐちゃぐちゃになってきた……。

支配人 そうやって、自分の欲求が見えなくなってしまうのは、変なことだと思いませんか?

翔太 え? 変? どうしてですか?

支配人 あなたが子どものころ「お母さんに遊んでほしい」「あのお菓子が食べたい」と

いった欲求を、素直にぶつけていた記憶はありませんか？

翔太 そりゃありますけど……、だったらどうだって言うんですか……？

支配人 子どものころには、自分の「欲しいもの」がはっきり見えていたのに、今のあなたは見えていない。大事なものの上に、何重にも服を着ているような状態です。しかしそうなってしまったのは、厳密に言えば、あなたのせいではありません。

翔太 へ？　俺のせいじゃ、ない？

支配人 ええ。それは、あなたが他人と「比べる」ことでしか物事の価値を測れないような視点を、知らず知らず持たされてしまったからです。

翔太は、ぐったりしていた。

ずっと追い求めてきた「お金が欲しい」という目的の奥に、「人からバカにされたくない」という、なんとも消極的な目的が隠れている、と気づかされた直後だ。情けないような、でもどこか清々しいような複雑な感情が、翔太の中でぐるぐると渦巻いていた。

そんな混沌とした状況の中に「他人と『比べる』ことでしか物事の価値を測れない」という厳しい言葉が放り込まれた。

支配人が紅茶を淹《い》れてくれた。ティーカップに添えられたクマのクッキーが自分を笑っているように思えた。

翔太はこれから理解すべきことの重みを噛みしめるように、支配人にその意味を尋ねた。

他人と比較して自分の位置を決める

翔太　他人と「比べる」ことでしか物事の価値を測れない……？　俺が、人と自分をそんなに比較してるって言いたいんですか？

支配人　はい。あなたは先程「お金持ちになりたい」という話をされていましたよね。

翔太　ええ。それがどうしたんですか？

支配人　その言葉が出てくるのは、あなたが「お金持ち」と「貧乏な人」の間に、線を引いているからではないでしょうか。

翔太　……線？

支配人　ほかにも世の中には「美人」「美人でない」、「勝ち組」「負け組」といったように、まず物事を分割し、それによって比較を生み出すという価値観が存在します。それによってあなたは「ほんとうに欲しいもの」が見えなくなっているのかもしれない。

翔太　えっと……。話が複雑すぎて……。

支配人　では、わかりやすく説明しましょう。ここに、クマの形のクッキーが一枚ありますね。これを、二つに割ってみましょう。

翔太　……はい。二つになりました。

支配人　これを見て、どう思いますか？

翔太　え？　右手にあるほうがちょっと大きいな、とか？

支配人　そう、それが比較です。

翔太　え？

支配人　たしかに物理的にはこちらのほうが大きい。しかし、大きいほうも小さいほうも、もともとは一枚の、ただのクッキーでした。でもそれが分割されます。その瞬間に、比較が起こります。「大きいほうがいいクッキーだ」「小さいほうはよくないクッキーだ」というように。でもその価値基準というのは、ほんとうに正しいのでしょうか？

翔太　まあ、いいか悪いかって言われたら、俺は甘いものが苦手だから、小さいクッキーのほうが「いいクッキー」なのかもしれないけど。

支配人　そうです。ある人にとっては「いい」ものでも、別の人にとっては「悪い」かもしれない。そう考えると、物事には本来「いい」も「悪い」も「上」も「下」もない。それなのに多くの人は「比較」によってあらゆるものを判断しています。

翔太　だけど、比較するのってごくごく自然なことじゃないですか？　俺よりカッコいい友達のほうがモテてたし、大学の同期で、超有名企業に就職したヤツがいたけど、そいつのほうがよっぽど勝ち組だし。それを見て「うらやましい」「あいつみたいになれたらいいのに」って思うのは、普通だと思うんですけど。

支配人　人がなかなかそういった価値基準から抜け出せないのもわかります。しかし、「それは、その人自身にとってうれしいことなのか」という視点で眺めてみたら、どうでしょうか？

翔太　その人自身にとって、うれしいことか……？

支配人 たとえば世間的に勝ち組と言われている人の実情がこうだったとしましょう。有名企業に入っても、仕事を楽しめていない。毎日つまらない。どんなにお金のある結婚生活を送っていても、夫婦の間に愛情がない。寂しい。悲しい。あなたはそれでも、「勝ち組」になりたいですか？

翔太 いや、それは……、嫌ですけど。

支配人 しかし現実として、**「他人に勝ってさえいればいい」「人から『勝ち組』と呼ばれれば、必ずしあわせになれる」と思い込んでいる人が大勢います。**そういう人は、得てして人から「負け組」だと思われないように、必死で努力をします。バカにされないように。ナメられないようにと。しかし、それが自分自身にとって、ほんとうにうれしいことなのか、検証すらしていない。

翔太 でも、「バカにされないようにしたい」っていうのは、本能的なものだと思うんです。だから、それをやめるのなんて無理じゃないですか？

支配人 どうして無理だと思われるのですか？

翔太 だって……事実、俺は過去に、他人に「バカにされた」経験があるからですよ。

支配人 なるほど。他人からバカにされた記憶がある。では、もし仮に、その記憶が吹き飛ぶとしますよね。そうすれば、「バカにされたくない」という思いは消えますか？

翔太　そんなの、そもそも記憶が吹き飛ぶわけないでしょう！　俺にとっては強烈な出来事だったんです。これは事実なんですよ？

支配人　これはあくまで仮の話です。急に記憶喪失になったと考えていただいてもかまわない。

翔太　そんなことあるはずがないけど……。まあ、もし記憶喪失にでもなれば、原因がなくなるわけですから、そのときは「バカにされたくない」という思いも消えるんじゃないですか。でも、そんな非現実的なこと言われても……。

支配人　では、よく考えてみてください。あなたの身に過去に起こったことは、ほんとうに起きたことですか？

翔太　……は？　どういうことですか？

支配人　過去に起きた、その出来事がです。

翔太　そんなの……、さっきから何聞いてたんですか！　俺は記憶喪失になったわけじゃないんだ。こんなにはっきり覚えてるんですよ？

支配人　落ち着いてください。その事実の意味を確認するのは、大事な作業です。ただ漠然と悩んでいる人が多いのですが、具体的な対象をはっきりさせることができれば、自分が今何に向き合っているのか明確になり、それだけに集中して考えればよくなります。それは、いつ起きた、どんな出来事でしたか？

そこまで聞くと、翔太の頭の中に、鮮明にあの日の光景が浮かんできた。

翔太にとって、それは上下関係を目の当たりにさせられる出来事だった。今思い出しても顔が歪むほどの絶望。見て見ぬふりをしてきたけれど「バカにされた」という実感と強く結びつく記憶が、翔太の中にくっきりと存在した。

息をのんで支配人を見ると、非常口の緑色のライトが、彼の輪郭を煌々《こうこう》と照らし出していた。鼻の奥に、実家の本棚のようなほこりっぽい匂いがよぎる。

翔太は覚悟を決めたように、肩の力をふっと抜いた。

▲発狂したように怒鳴りだして、俺のほうに走ってきて

翔太　中学1年の、夏休みのことでした。

支配人　13歳くらいのときですね。

翔太　はい。俺、小1のころからずっと、サッカー部に入ってたんです。

支配人　サッカーがお好きだったのですか？

翔太　いえ、当時の親友に誘われて、なんとなく入りました。そのチームは6年のときに全国大会に出たくらい強かったんですけど、俺自身は、正直、サッカーが下手でした。サッカーって、一度にいろんなこと考えなきゃいけないじゃないですか。俺、複雑なことを考えるのが苦手だから、フォーメーションとかもよくわかってなくて。そのせいで、ずっと……。

支配人　劣等感を抱いていた？

翔太　……はい。サッカーのうまいヤツらに「あいつ下手だな」ってバカにされてる気がして。あいつらに目をつけられていじめられたら、俺の学校生活は終わるって思ってたから、正直いつもビビッてました。でも、その関係性のまま、同じメンバーで中学に上がったので、中学に入っても毎日が緊張の連続でした。

支配人　そんなに怖かったのなら、サッカー部をやめる、という選択肢はなかったのですか？

翔太　それは……なかったです。父に「一度始めたことはやめるな」って強く言われてたし……。あと、「あいつサッカー部を途中でやめたヤツだ」ってまわりから見られるのも嫌でしたね……。だから、続けなきゃいけないって思い込んでて。

支配人　それで、やめることもできなかった。

翔太　ええ。あれは初めての夏休みで、俺は、その日も朝からサッカーの練習に行っていました。8月の、太陽があまりに眩しい日でした。にもかかわらず、練習は厳しく、途中で水を飲むことも許されませんでした。

　このままでは倒れてしまう。フラフラになった俺は、練習を抜け出して、休むことにしました。トイレに行くふりをして、トイレの蛇口で水だけ飲んで、校庭の端っこの木陰で少しだけサボっていたんです。

支配人　そうしなければ倒れてしまう状況だった。

翔太　そうです。でもそこに、運悪く、同い年のキャプテンと3人の部員が通りかかったんです。それでキャプテンは、発狂したように怒鳴りだして、俺のほうに走ってきて。

「お前何サボってんだ。ふざけんなよ！」

　そう言って、思いっきりゲンコツされたんです。

支配人 ゲンコツを。突然ですか？

翔太 はい。突然です。ここまでの話で、たいしたことじゃない、と思うでしょう？ゲンコツって表現すると、可愛いものだと思いますよね？

支配人 ええ、まあ。

翔太 でも普通、ゲンコツというものは、「目上の人間」が「目下の人間」に対してするものです。もちろん、俺は頭も痛かった。けれど、そうした物理的な痛みよりも、内面のほうが痛かったんです！　同い年の人間に見下した目で思い切り殴られたことが、すごくショックで……。

支配人 それがなぜショックなのですか？

翔太 ショックに決まってるじゃないですか！　……だって俺、倒れそうだったんですよ？　それで仕方なく休んでただけなのに……。そのあとキャプテンは、ほかのメンバーもたくさんいる前で、俺を罵倒したんです……！　「こいつはみんながんばっているときに、一人でのんきにサボッてた！　どう思う？」って。あのときのみんなの責めるような目が、俺は今でも忘れられないんです……。「下っ端のくせにサボりやがって」っていう目が……。

支配人 ではそのとき、あなたはどういう気持ちになりましたか？

翔太　どういう気持ち!?　だから……ものすごくショックでしたよ！　何回同じこと聞くんですか!?

支配人　どうぞ落ち着いてください。とても大切なところなのです。ショックというのは、単純に驚きであり、出来事に「反応」しているにすぎません。そうではなく、あなたの心の声を教えてほしいのです。

翔太　心の声？

支配人　思い出してみてください。そのとき、どんな声が聞こえましたか？

翔太　声？　声っていわれても……。

支配人　それがむずかしければ、そのときどんなことを感じていたかを思い出してみてください。

翔太　どんなことを感じていたか……。ええと……頭が真っ白になった。何も考えられなくなってしまった……。みたいなことですか？

支配人　「何も考えられない」というのは、どういうことですか？

翔太　つまり……その……これは全然大げさな表現じゃないですよ？　だって当時の俺にとっては、学校というのは唯一の世界だったんです。俺はそれまで必死で、あいつらに下に見られるのを避けてきたんです。下に見られたが最後、いじめの対象になるのが怖かったからです！　それなのに、その恐れていたことが現実になってしまって……。「ああ、もう終わりだ」って思ったってことですよ!!

屈辱。恥ずかしい。悔しい。ムカつく。悲しい……。

当時のことを思い出すと、とても言葉にならないさまざまな感情が翔太の中に黒くうごめいた。たしかに、あの出来事が自分を縛っている。間違いない。

実際、中学を卒業してから何年も経つのに、そのキャプテンは何度か夢に出てきたことすらある。

いや、それどころか、当時のあの状況を思い出すと、翔太はいまだにピンと張りつめた緊張感におそわれ、ひんやりとした汗まで感じるほどだった。

自分自身のほんとうの価値

翔太　ああ、何て言っていいかわからない！　とにかく世界の終わりみたいな……絶望的な気持ちです！

支配人　絶望的な気持ち。あなたの心の中に、そのときの絶望は厳然として存在している。

翔太　……はい。それはもう、くっきりと。

支配人　では、あなたは、その絶望と形容するほどの悲しみを抱く必要が、ほんとうにあったのでしょうか？

翔太　ああもう、何なんですかあなたさっきから！　俺が悲しむ必要があったかどうかなんて、俺の意思とは関係ないじゃないですか!?

支配人　ええ、意思とは関係ありません。ただ、事実を見つめましょう。**極めて客観的に見て、その出来事はあなたのせいなのでしょうか？**

翔太　そんなわけないじゃないですか！　あいつらが勝手に……。

支配人　そうですよね。それは、運悪く何らかの交通事故にあったようなものです。

翔太　事故……？

支配人 そうです。事故。なぜならあなたは、悪気があったわけではないですよね？　水を飲まなければ倒れてしまう状態だったから、ただ飲んだ。そこに、キャプテンがやってきて突然暴力を振るわれた。

翔太 それはそうですけど……。

支配人 だとしたらそれは、目的地に向かってただ運転していただけなのに、ほかの人から車をぶつけられた、事故のようなものだと言えるのではないでしょうか。あなたには何の過失もない。それなのに「自分は事故にあうべき人間だった」と責めながら生きていくべきだと思いますか？

翔太 そ、それは……。でも、同級生に殴られたのと交通事故にあったのとでは、話が違いすぎるでしょう⁉

支配人 果たしてそうでしょうか。**あなたが殴られたことによって、ほんとうにあなた自身の価値は変わったのですか？**

翔太 価値？　それは変わったでしょう。だって殴られて、たんこぶもできたし、俺は同世代の人間より下だってレッテルを貼られてしまったんですよ？　明らかに俺の価値は下がってるでしょう！

支配人 それは、「上か下か」というような、比較にもとづく「価値」の話ですよね？

わたしが問いたいのは、そういった価値ではありません。

翔太 はい？　じゃあ、ほかにどういう価値があるっていうんですか？

支配人 その人の、本質的な存在価値、のようなものです。これは自分自身ではなく、他人に置き換えて考えたほうがわかりやすいかもしれません。

翔太 は？　どういうことですか……？

支配人 そうですね。たとえば、あなたの大切な友人のことを頭に思い浮かべてみてください。

翔太 友人ですか……？　じゃあ……高校時代からの親友のことを考えてみます。冒険心に富んでいて、いつも俺を励ましてくれるいいヤツです。

支配人 それではそのご友人が、なんの過失もないのに突然街中で誰かに殴られ、激しく罵倒されたとします。あることないこと、友人を否定する言葉が次々に聞こえる。

翔太 え……めちゃめちゃ腹立ちますね。

支配人 そんなことがあったら、あなたはその友人に対して「お前は人からバカにされたんだからもう終わりだ。一生『自分はバカにされるべき人間なんだ』って思いながら、ふさぎ込んで生きていけよ」などと言いますか？

翔太 なっ、そんなこと言うわけないじゃないですか！

支配人 つまりその友人の価値は、殴られたことでは変わらない？

翔太 価値？　そんなの、変わるわけないじゃないですか！　あっ……。

支配人 どうされました？

翔太 あなたが言ってる価値って……。

支配人 ええ、どうされました？

翔太 そういうことですか……？

支配人 はい。あなたが大切に思う友人に今抱いている、そのような感覚のことです。

翔太 ……。

支配人 それでは改めて問います。ご友人は街中で突然殴られ、激しく罵倒された。そのせいでアザや傷はできたかもしれません。でもだからといって、ご友人の「本質的な存在価値」には、何か変化はあったでしょうか？

翔太 いや……それは……何も変わらないですね。あいつがいいヤツだってことも、俺があいつを信頼してるってことも。そこには何の変化もない。

支配人 そうです。彼の価値は、他人にどう言われようと、何をされようと、決して揺らぐものではないのです。

翔太　なるほど……あなたがおっしゃっている「価値」がどういうものかは、理解できたような気がします。

支配人　では、改めてお聞きします。大切な友人が深く傷ついているとき、あなたは、彼にどう声をかけますか？

翔太　そりゃあ……「別にほかの人間がお前のことを何て言おうが関係ない。お前はお前なんだから、気にせず生きていけばいいんだよ！」って言うと思います。

支配人　なるほど。でしたら、同じことを自分自身に言ってあげることはできないでしょうか？

翔太　えっ？

支配人　あなたが友人にそんな言葉をかけられるように、あなた自身にも**「人に何を言われようと、何をされようと、自分の本質的な価値は何も変わっていないのだから、気にせず生きていけばいいじゃないか」**と言ってあげられないでしょうか？

翔太　そ、それは……。たしかにそんな声をかけてあげられれば、ラクになれるっていうのはわかるんですけど……。でも、自分のこととなると、どうしてもあいつらの顔がちらついて……。

支配人　あいつら？　わかりました。どうしてもその記憶が強いのですね。ではそもそもその、あなたを「バカにした」とされる同級生は、今も、あなたのことをバカにしているのでしょうか？

翔太　あいつらが、今も俺をバカにしているか……？

翔太は、1年前に実家に帰ったときの、同窓会のことを思い出した。

自分を殴った元キャプテンを見返してやりたい。その一心で、無理して買ったブランドもののジャケットに、高級時計を身に着け、完全武装して向かった。

しかし、会場に着くと、元キャプテンは親しげに「おお、翔太じゃん！　元気だった？」と話しかけてくれたのだ。

その笑顔は翔太をバカにするようなものではなく、久しぶりの友人に会ってただただうれしい、という屈託のない笑顔だった。

「ああ、こいつは、俺を殴ったことなんてとっくに忘れてるんだ」。

そう思うと、肩すかしをくらった気分だった。

▲ナメられないように、バカにされないように

翔太　この間同窓会で会った感じだと、すごく親しげに話してくれました。同窓会が決まったときからビビッてたんで、ほんとうにびっくりしましたけど……。

支配人　ということは今現在、彼はあなたをバカにしていない。あなたのことを、気にもしていない。

翔太　えっ？

支配人　だって彼は、あなたを殴ったことを覚えてすらいないのですよね？

翔太　そう、ですね……。たしかにあいつはもう俺のことなんて気にもしてない……。まだそんなこと気にしてるのは、俺だけだったってことか……。なんで今の今まで、そんな単純なことに気づかなかったんだろう……。

支配人　それでは、あなたはその出来事……つまり事故にあったようなことを、今まで引きずる必要があったのでしょうか？

翔太　必要……そうですね。俺、ずっと引きずってましたね……。しかも、その殴ら

れた瞬間なんて、キャプテンと3人の金魚のフン以外、誰に見られていたわけでもないのに……。自分だけ屈辱とかいって、恥ずかしがって……。

支配人 そう考えると、先程わたしがうかがった「ほんとうにあなたはバカにされたのですか?」といった質問の答えも変わってきませんか?

翔太 あいつに殴られたことは、ただの事故のようなものだし、俺の価値はまったく変わっていない。しかも俺は、相手が覚えていないくらいささいなことを、勝手にショックとか言って……引きずっていた……だけ?

支配人 あなたはその勝手な思い込みを原動力に、今までずっと彼らを見返したいと思っていた。

翔太 そう……ですね。俺は、俺を見下してきたあいつらに「翔太すげぇな」って言わせたかったんですね……。そうか……、だから俺……、今まで、お金が欲しいとか、モテたいとか、そういう「勝ち組にいる自分」になって、あいつらのことを見下してやるんだって息巻いてきたのか……!!

――翔太は、頭を抱えた。

自分は今まで何と戦ってきたんだ……。

そのまま体を座席にもたれさせ、目を閉じてゆっくり息を吐き出した。

劇場のひんやりとした空気を思い切り吸い込むと、喉の奥が、砂漠のように渇いていた。

そんなに簡単に捨てられるものではない

翔太 あの。
支配人 何でしょう？
翔太 たしかに俺は、殴られたことを勝手に引きずってました。あいつを見返す必要なんてないってことも、頭ではわかるんです。でも……。
支配人 でも？
翔太 でも正直、俺にはまだお金が欲しいとか、モテたいって気持ちがあります。今だってここに札束を出されたら「欲しい」と思ってしまうし、もし帰り道で可愛い女の子に声をかけられたら舞い上がってしまう。どうしても、この欲求を捨てられる気がしません……。

支配人 わたしは、そういう欲求を捨てなさいという話はいっさいしていません。あなた自身が捨てたくないなら、捨てる必要はありません。逆にほんとうに欲しいと思うならば、努力してそれを得ればいいだけの話です。

翔太 だけど……。

支配人 ただ、もし仮に、そういった欲求をあなたが「捨てたい」とほんとうに思っているのに、捨てられないとしましょう。それは、無理からぬことです。なぜなら、あなたは知らず知らずのうちに「洗脳」されているのですから。

翔太 洗脳？　俺が……!?　あなたはまた極端なことを言いますね……。いったい誰に、俺が洗脳されてるっていうんですか？

支配人 この社会に、です。

翔太 社会？　社会って言われても……よくわからないんですけど？

支配人 **社会の構造が、あなたのほんとうに欲しいものを見えなくさせている。ほんとうは必要でないものを、あなたに「必要だ」と思い込ませているのです。**

翔太 俺にですか？

支配人　ええ、ただそれは、あなたにだけではありません。たとえばあなたのそのブランドものの時計。

翔太　時計？　ああ……これ？

支配人　はい。その時計、ほんとうに必要ですか？

翔太　必要？　そりゃ必要ですよ。俺、営業だし、時間見たいし。

支配人　ほんとうに？　携帯電話でも時間は確認できますよね？

翔太　……そりゃあ……そうですけど。

支配人　まあ百歩譲って、時計という機能を求めるのであれば、何もあなたがされているようなブランドものの時計を身に着ける必要はありませんよね？

翔太　それも……そうですけど……。だって俺、いい会社に転職したから、ある程度高い時計してないと同僚から笑われちゃうと思ってたから……。

支配人　高い時計をしていないと、笑われる。その「脅し」を信じ込んでしまうわたしたちは、欲しくもないものを買うために必死になって働く。ときにはやりたくないことをやってでも。そしてそこでストレスを溜め込み、そのストレスを発散するためにまた消費をする。

翔太　でも、そんなのみんなやってるじゃないですか。なんでそれがダメなんですか？

支配人　ダメなわけではありません。その人自身が心から望んだものなのであれば、別にかまわないと思います。しかし問題は、みなさんが、決して好き好んで、自分の意思で、その不毛な争いの中にいるわけではないということです。

翔太　まあ、俺も別に深い考えがあって、この時計をしてるわけじゃないけど……。

支配人　経済というのは、商品を買わせるために、「これがないと仲間はずれになりますよ」「こうじゃないと笑われますよ」「持ってないと恥ずかしいですよ」と、わたしたちを脅してきます。そうやって、ほんとうは必要ないものを欲しがらせる。

翔太　でも、経済を回すには、お金が回らないとダメですよね？　みんながたくさんお金を使うのは、別にいいんじゃないですか？

支配人　それがいいとか悪いとかいう話ではありません。問題は、このシステムが、人々の恐怖を利用することで動いているということです。

翔太　恐怖？

支配人　ええ、**「人にバカにされたらどうしよう」「人に尊敬されていないのではないか」「人から下に見られたくない」。そういった恐怖が虚栄心を生み出します。**ステータスがないといい出会いに恵まれないからと、人は高級時計や高級車を欲しがります。なぜなら、社会から「そのままの自分」なんて認めてもらえるわけがないと思い込んでしまっているからです。

翔太　でも……つまりあなたは、そういう価値観から離れて生きたほうがラクだ……っておっしゃりたいんですよね？　まあ、「モノより思い出」とかって言いますもんね。そういう考え方も、なんとなくはわかりますよ。ただ、ほとんどの人間がそういう価値観にもとづいて生きている以上、一人だけそんなふうに生きるのってむずかしくないですか？

支配人　あなたは先程、過去に起きた出来事が、じつは、自分の本質的な価値にはまったく関係なかったことを実感したはずです。

翔太　それはよくわかりました。だけどそれとこれとは話が違う。「俺の価値は変わらないから」って自信を持ったとしても、変な格好してたら、まわりから「ダサい」とか「カッコ悪い」って思われちゃうじゃないですか？　そんなの嫌ですよ。人の目を気にせずに堂々と生きていくなんて……俺にはどうしてもできる気がしません……。

支配人　ほう、人の目ですか……。なるほど、いいでしょう。では、**あなたがしきりに気にされているその「人の目」というのは、いったい何なのですか？**

翔太　人の目って何か……？　そりゃあ……、「世間」とかそういうことでしょ？

支配人　世間……。**その世間というのは、誰のことですか？**

翔太　誰？　誰って言われてもな……。まあ……、まわりの人とか？

支配人　まわりの人。その「人」の正体とは、何なのでしょう？

翔太　人の正体？　人……。うーん、たとえば、電車の中の人とか……？

支配人　電車の中。なるほど、では、実際に、電車の中で、あなたを面と向かってバカにした人はいたのですか？

翔太　面と向かってはいないですけど……、心の中で「あいつダサいな」って思われてる気がするんですよ。

支配人　気がする。ほんとうに？　具体的に、誰があなたを「ダサい」と思っているというのですか？

突然、目の前がパッと明るくなった。

翔太は思わず目を細めた。あれ……？

目の前の舞台に下げられた真っ白なスクリーンに、電車の中の光景が、大きく映し出されている。

かなり混んでいるところを見ると、どうやら朝の通勤時間のようだ。中年のサラリーマンが中吊り広告をぼんやりと眺め、通学途中の女子高生二人が楽しそうに話し込んでいる。

その群衆の中に……、翔太がいた。

なんで俺の映像がここに……?

一瞬そのことが気にかかったが、すぐに自分の様子に意識が持っていかれた。

ああ、なんだこいつは。

転職したときに、自分を鼓舞するために買った高いカバンが、どう見ても分不相応だ。「がんばってるヤツ」に見えてしまって、痛々しい。背伸びして買った一張羅《いっちょうら》のスーツも、着せられている感じがして全然似合ってない。

それだけじゃない。まわりを気にして、どこかおどおどした態度に見える。

なんてみっともないんだろう。

客観的に、自分が置かれている状況の映像を見て、翔太は、はたと気づいた。

誰も、俺のことなんて、見ていない。

見ていないのだ！

翔太は、飛び上がるように席を立った。

▲ほんとうは、何も得なくてもいいかもしれない

支配人　どうですか？　誰か、あなたのことをバカにしている人はいましたか？

翔太　いました……。

支配人　それは、誰ですか？

翔太　……まさかの、俺だ。

支配人　あなた。

翔太　はい……。俺です。俺自身です。

支配人　そうですか。あなたのことをバカにしているのは、ほかならぬあなた自身だった。それを一度肯定してみましょう。話はそこからです。

翔太　ああ、なんてことだ……。

支配人　実際は、誰も、あなたのことをバカにしていないわけですよね？

翔太　そうですね……。

支配人　あなたは、ほんとうは存在しないはずの「人の目」を、あたかも存在するかのように感じていた。

翔太　はい……。

支配人　あなただけでなく多くの人が「世の中に」とか、「お隣さんに」とか、いろいろな主語となって人の目の存在を表現します。

翔太　……子どものころ、よく近所のおばさんが、「翔太くんも世間様に笑われないようにしないと」って言ってたんですよね……。でも、たしかに**「世間様」なんて人、どこにもいない**ですね……。

支配人　あなたは過去の体験によって、人より「上か？」「下か？」で物事を判断し、とにかく人から下に見られないようにするクセがついてしまったのかもしれません。

翔太 はい……。あの日以来、俺はそうやって自分のことを必死に守って。人に見下されない人間にならないと、いつまでもしあわせになれないと思って……。だから、知り合いなんていもしない街中を歩いているときでも、カッコつけて……。

支配人 精一杯の虚勢を張っていた?

翔太 ああ……。ものすごく虚勢を張って歩いていました。でも、そうだよな。街を歩いている他人とか、カフェで偶然居合わせた他人が、俺をバカにしてるはずなんてないんだよな……。だって俺だって、そんな知りもしない人のことバカにしないというか、気にもしていないし……。人の目なんて、ほんとうにただの妄想だったんだ……。今……俺は……、誰にもバカにされていない!

支配人 そう考えると、**今この場で、あなたが自分をバカにすることをやめるだけで、もう「人の目」を気にしなくてすむのではないでしょうか。**そこで仮に、これからも自分をバカにし続けて、死ぬまでずっと「人の目」を気にして生き続けたとしましょう。そうすると、あなたの人生は?

翔太 ……俺の人生じゃ、ないみたいだ……。

支配人 そう。多くの人が、あなたと同じように、まったく根拠のない後ろめたさに、自分の人生を乗っ取られてしまっている。それを人は、コンプレックスと呼びます。

翔太 コンプレックス……。

支配人 その、ただの幻であるコンプレックスのせいで、自分はダメな人間なのだと洗脳されています。ゆえに、コンプレックスという穴を埋めることを目的とした、夢を叶えるための本や、お金持ちになるための本が街にあふれている。

翔太 俺も、そういう本、何冊も買いました。

支配人 あなたの好きな自己啓発書の、すべてを否定するわけではありません。しかし、そういった類の多くの本は、最初から「何かを得る」ことが前提になっています。痩せるためにダイエットの本を買う。恋人を作るために恋愛指南書を買う。お金持ちになるためにビジネス書を買う。

翔太 そういう本が、悪いってことですか？

支配人 いいえ。もちろんそれ自体が悪いわけではありません。でも、**問題なのは「そもそもほんとうに恋人が欲しいのか？」「そもそもほんとうにお金が欲しいのか？」「そもそもほんとうに痩せたいのか？」という問いかけをしないまま、い**

きなり「何かを得るためのノウハウ」から話が始まってしまっていることです。
ほんとうは、何も得なくてもいいかもしれないのに。

翔太 何も得なくてもいいかもしれない……？　それって、どういうことですか？

支配人 あなたは先程「美人な彼女が欲しい」などといった「得たいもの」についてお話しされていました。しかし、今もまだ「欲しい」と思われますか？

翔太 まあ完全に欲しくないとは言い切れませんけど、モテることも、「人からバカにされない」ための、ただの武装だったのかもしれないってことはわかりました……。

支配人 あなた自身が実際に「モテたい」わけではなかった。それなのに社会の側が「モテたほうがしあわせになれるよ」とささやいてきた。あなたのように、社会からコンプレックスを押し付けられた人は「変わらなければ自分は価値のない人間だ」「生きていく資格のない人間だ」と感じて、それを解決する本を手に取ってしまいます。でも、その人たちは、ほんとうに変わらなければならないのでしょうか？

翔太 ほんとうに変わらなければいけないのか？

支配人 もちろんそういった本を、あなたがもしも心から求めているなら、いっさい否定はしません。ただ、かつてのわたしのように、手に入れたあとで、それがほんとうに欲しいものでなかったと気づいたときには、人生が終わっているかもしれません。

翔太 それは……恐ろしい話ですね……。

支配人 **自分が欲しているものを突き詰めて考えた結果、それがお金だった。異性だった。そういうことなら、必死で手に入れる努力をしてください。**１００億でもいい。歯を食いしばって稼ぐだけ稼いでください。モテるだけモテてください。ノウハウを駆使して、あらゆる手段を使って、その目的を叶えようではありませんか。

翔太 それが……俺がほんとうに欲しいものだったとしたら。

支配人 はい。ただその行動に出るべきときは、自分と向き合い、「何が欲しいのか？」という問いに対し、明確な答えを出せたあとにです。

翔太 そうですね……。

支配人 結局「自分が変わる」という考えは、多くの場合「今の自分ではない別の人間に変わる」という考えです。これは、自分で自分の生き方を選んでいるようでいて、じつは選んでいないということです。

翔太　俺は今まで、知らないうちに、他人や社会が望む人生を送ろうとしてたってことなのか……。

支配人　すると、本来持つ必要もないコンプレックスを克服すること、「他人から見た自分」を演じることに、人生の大半を費やしてしまうことになるのです。

翔太　そうすると、一生、自分がほんとうに望んだ人生なんて送れるはずがないですね。最初から目的地がずれちゃってるんだもんな……。

支配人　果たしてほんとうにわたしたちは、そんなにダメな人間なのでしょうか？　今の自分にはつねに何かが足りなくて、違う自分にならなければいけないと信じ込むのは、自分があまりにかわいそうではありませんか？

翔太　そうですね……。俺はダメな人間で、違う自分にならなきゃいけないって思ってた。でも、そうじゃない。自分が欲しいものも知らないで、このまま一生を終えてしまうところだった……。

支配人　**自分の人生の方針を、世間の目を気にして決めたり、他人の期待に応えるために費やしたり、そんなことのために自分のやりたいことにフタをし、明け渡してしまってはいけません。**

ここまで自分の思いを掘り下げることができたあなたになら、きっとそれが見えてくるはずです。過去にこんなことがあったとか、他人からどう思われるかとか、人にこんなことを言われたとか……。そんなことは、あなたのこれからにとって、まったく関係のないことではありませんか。

●

翔太は駐車場に停めていた、黄ばんだ白い営業車に乗り込んだ。いつもは舌打ちしながら荒々しくキーを突っ込んでいるのだが、今日はなぜか、そっと差し込んでからエンジンをかけていた。

なぜ俺は、あんなにビクビクしていたんだろう。自分を取り巻いていた無数の目が嘘のようになくなり、これまで感じたことのない不思議な爽快感を味わっていた。

家に帰った翔太は、それまで本棚にびっしり詰まっていた自己啓発本を勢いよく引き抜き、段ボールに詰め込んだ。朝起きてから夜寝るまで何度も眺めていた、フェラーリのポスターもはがした。

その中に、どうしても捨てられない一冊があった。それは、昔の彼女から誕生日プレゼントにもらった『地平線を追いかけて満員電車を降りてみた』という本だった。その彼女とは、自分がしあわせにできないと思って泣く泣く別れた、あの子だった。

その3年後、彼女がほかの男性と結婚したことを友人伝手に知った。相手は、有名でもお金持ちでもない、まだ駆け出しの建築家の卵だった。

切ない思い出が頭をよぎり、何気なくパラパラと本の中身を眺める。

すると、こんな言葉が書いてあった。

「今の自分にはつねに何かが足りなくて、違う自分にならなければいけないと信じ込むのは、自分があまりにかわいそうではありませんか？」

今日、支配人に言われた言葉だった。

翔太は、しばらく動けなかった。

彼女は、あの時代の、俺から見たら「足りないものだらけ」だった自分を、好きでいてくれたのだ――。そんなことにも気づかず、俺は、存在しない「人の目」ばかり怖がっていた。

それは俺が、彼女のことを、彼女自身を、まったく見ていなかったということ。俺は、俺のことばかり見ていたということ。

彼女はそんな俺を、あるがままの俺の姿を、ただまっすぐに見てくれていた。「足りないもの」なんて、そもそも存在しなかったんだ。それなのに……。

昼間はあんなに蒸し暑かったのが嘘のように、冷たい風が部屋に流れ込んできた。遠くからかすかに、まだ鳴き始めたばかりの鈴虫の声が聞こえる。

開いたままのページへ、涙が次々に落ちていく。翔太はそのまま、本を閉じることができなかった。

第2話

自分を好きになれないあなたへ

この二つをあなたの中でしっかり区別できれば、その苦しみを終わらせる作業が、スムーズになるかもしれない。

これを放っておくことがいかに危険か、多くの方が気づいていないのです。

自分を「好きだ」と

そんな純粋なものだけで渡っていけるほど、世の中って甘くないでしょう？

あなた、もしかして、なんだかスピリチュアルなこと言って、わたしを煙に巻こうとしてない？

そんな都合のいい場所など存在しないということです。

では、お帰りください。

道端でお芝居したって、意味ないじゃないですか

見たことなんて一度もない！

今、空を見ながら、自分に価値がないと思いましたか？

それだけで、きっと即座に有名になれますよ

しかし、実際にそれを本気でやってみた方が、いったい何人いるでしょうか？

「はい……。わかりました……」

その電話が事務所からかかってきたのは、演技のレッスンに向かっている途中だった。反射的に電話を切ると、優子はその場に立ち止まったまま動けなくなった。

その日、優子は人生で33回目のオーディションに落ちた。
深夜ドラマで、主人公の勤める会社にただ座っているだけの、セリフもない役。
それさえも受からなかった。

ふと、風が冷たくなってきたことに気づき、優子はカーディガンをはおる。ビルの谷間に見える夕日は、季節の最後を燃やし尽くすかのように、まばゆいオレンジ色に輝いている。にぎやかだった夏が、終わりを告げようとしていた。
うわさの劇場に出会ったのは、そんなときだった。

その劇場は、人生に悩み、行き詰まってしまった人の前に、忽然と姿を現すという——。

それは、大学時代に仲のよかった、同級生の男の子から聞いた話だった。

彼は昔からずっと「お金持ちになりたい」が口ぐせで、時計やカバンにもこだわっていた。それなのに、この間ばったり道で会ったとき、ノーブランドのリュックサックを背負い、時計すらつけていなかった。でも、なぜか目だけはくもりなく澄み、キラキラと輝いているように見えたのだ。

拍子抜けして理由を聞いてみると、その劇場のことを教えてくれた。

話を聞いたときは半信半疑だった。何か変なセミナーにでもハマってしまったのかな？　と、一瞬友人のことが心配になったが、彼の目の奥からは、少しも嘘を感じなかった。

だからその日、その劇場とおぼしき建物を見つけた瞬間、胸に漠然とした期待がよぎった。

「もしかしたら、これで、わたしは救われるかもしれない——」。

そんな言葉が頭に浮かび、ふと立ち止まる。

「でも、ほんとうにそんなもの、あるはずないよね……」

あきらめかけたその瞬間……、

「大丈夫ですか？」

突然、誰かに声をかけられた。

見ると、黒いジャケットに身を包んだ、初老の紳士が立っている。

表情は、薄暗いせいかよく見えない。

「あっ……えっ、わたし、何かおかしいですか？」

「すみません、今にも世界が終わるかのような顔をされていたので」

劇場の支配人を名乗るその男は、彼女を場内に招き入れ、硬い客席に座らせた。

そして、熱くて濃いコーヒーを淹《い》れてくれた。

▲道端でお芝居したって、意味ないじゃないですか

優子 わたし、女優になりたいんです。でも、なかなかオーディションに受からなくって。今日で33戦33敗。全敗です。

支配人 そうでしたか。

優子 演技のレッスンにも毎週通ってるし、映画もいっぱい見て研究してるし。これでもけっこうがんばってるつもりなんですけど……。

支配人 努力しているのに、オーディションに受からないと。

優子 そうなんです。うちの事務所、かなり弱小なんですよ。しかもモデル事務所だから女優の先輩も少ないし。事務所に入って1年くらいは、マネージャーもがんばって営業かけてくれたけど、今じゃ全然。後輩の子に力を入れ出しちゃって、わたしのほうはほったらかし。ただ定期的にオーディションの連絡を送ってくるだけなんです。

支配人 そうですか。

優子 マネージャーも、二言目には「もっと痩せないとダメ」とかうるさいし。わたしもういい年だから、いつまでも、撮影会のモデルみたいな小さい仕事ばっかりやりたくないんです。

支配人 あなたは、お芝居が好きなのですか？

優子　え？

支配人　お芝居をすることが好きですか？

優子　なぜ……、そんなことを聞くんですか？

支配人　大切なことではないですか。もう一度聞きます。あなたは、ほんとうにお芝居が好きなのですか？

優子　好き……です。

支配人　それならば、なぜ悩む必要があるのですか？

優子　え？

支配人　あなたは、お芝居が好きで好きで仕方がないのでしょう。それなら、道端でお芝居をしているだけで、ハッピーではないのでしょうか？

優子　えっ……？　あの、わたし……真剣に悩んでるんですよ？　道端でお芝居したって、意味ないじゃないですか。

支配人　わたしも真剣に答えています。お芝居が好きなら、どこでもできるのではないですか？

優子は戸惑った。

わたしは、女優になりたいと言っている。それなのにこの男は、わたしが道端で芝居をすることをすすめている。意味がわからない。

わたしがなりたいのは、女優だ。ストリートパフォーマーなどではない。

渋谷の大きな看板に自分の顔が貼り出され、ドラマや映画に引っ張りだこの、そういう女優になりたいのだ。

「女優」という肩書き

優子　ちょっと待ってください。わたしは道端でお芝居をしたいわけじゃありません。女優になりたいんです！

支配人　「女優になりたい」？　つまり、肩書きが欲しいのですね？

優子　え？　肩書き？

支配人　肩書きというのは、たしかにとてもわかりやすくて便利なものです。たとえば自己紹介で「わたしは女優です」「わたしは医者です」と言われるとわかりやすい。ただ、わかりやすいだけにとても危険です。

優子　危険？　肩書きが爆発でも起こすっていうの？

支配人　ある意味、時間差で爆発するかもしれませんね。たとえば小さいころに「あなたの夢は何？」と聞かれたら「お花屋さん」とか「プロ野球選手」というように、肩書きで答える風潮がありますよね。

優子　ええ。普通はそうでしょ。

支配人　しかし本来なら、**肩書きというのは、「目指す」ものではありません。何かをした行為の結果でしかないはずなのです。**

優子　行為の結果……。それってどういうこと？

支配人　たとえば「医師」という肩書きの人たちがいますね。

優子　お医者さんのことよね。

支配人　そう。彼らは、何を目的にしている人たちだと思いますか？

優子　目的？　病気の人を診察したり、手術したり？

支配人　診療する。手術をする。それは手段であって、目的ではありません。医者とは肉体的に何らかの疾患を抱えた人たちを「快方に向かわせる」「癒やす」ということを目的にする人たちです。たとえば、メスを持たない医者がいたとします。彼が話すだけで患者の病気が治癒するのなら、その人は診療や手術をしなくても、医者としての本分をまっとうしていると思いませんか？

優子 話すだけでもいい……って、じゃあ病気の人を治せるなら、わたしも今すぐ医者になれるってこと？ あはは！ そんなわけないじゃない。だって、資格を持ってないと、医者とは言えないでしょう？

支配人 資格。「医師免許」のことですね。

優子 ええ。そうよ。

支配人 「医師免許」そのものは、人を治療するための単なる「許可証」にすぎません。

優子 許可証にすぎないって……それどういう意味？

支配人 この社会という枠組みの中では、医者という肩書きを持つためには「医師免許」という許可証が必要です。しかし**大切なのは「何のために医者になりたいのか」という目的のほうではないでしょうか？**

優子 何のために……って大義名分みたいなこと？ そんなの、別に何だってよくないですか？

支配人 同じ「医者になりたい」でも、「高い給料や社会的地位を得たい」といった目的で目指す人がいます。その一方、「病気の人を治したい」という目的で勉強している人もいます。

優子 そんなの……どっちも同じ医者には変わりないじゃない……。

支配人 ではこの例を、あなたが今苦しんでいるお芝居の世界に当てはめてみましょう。

優子 え？　お芝居の世界に？

支配人 ええ、何か問題でも？

優子 いえ、そんなことないけど……。

支配人 まず、一方は「女優」という肩書きを得るのが目的の人たち。彼女たちにとって「演じる」というのは有名になるための手段でしかありません。もう一方は、演じる行為そのものが目的の人たちで、「女優」という肩書きは、好きな演技を続けた結果、勝手に人からつけられたもの。あなたは、自分がどちらに属すると思いますか？

優子 ……あの、それが、わたしの悩みを解決することと、何か関係あるんですか？

支配人 はい、おおいに関係あります。あなたは自分にとって一番大切な目的を見失っている。それが、あなたの悩みの原因かもしれないのです。

優子は、手に持ったコーヒーカップを両手で強く握りしめた。

今日会ったばかりの男から言われた「一番大切な目的を見失っている」という言葉。そして、「肩書きが欲しい」という動機で医者になる人間の話。

なんとなく、今までの人生で直視するのを避けていた「開けるのが怖い箱」の存在を、遠くから見つけてしまった気がした。でも、もう一度土をかぶせてしまえば見えなくなる。それがいい。そうするのが一番いいのだ。

答えが欲しい

優子　あの、あなたは、わたしが目的を見失ってるって言いますけど、わたしはこれでもいろいろ考えて女優を目指すことに決めたんです！

支配人　では、どうして女優になりたいと思われたのですか？

優子　わたしはたくさんの人に笑顔を届けたい。毎日つらい思いをしている人や、何かに悩んでいる人も、わたしを見れば笑顔になれる。そういう存在になりたいの！　人の心を打つ演技をして、大勢の人を感動させるのがわたしの夢なの!!

支配人　人を感動させたい、ですか。しかしそれは、女優でなくてもできるのではありませんか？　人を笑顔にする仕事なら、ほかにもたくさんあると思うのですが。

優子　はい？　わたしは自分の表現で、人を感動させたいの！　それにゆくゆくはハリウッドで活躍できる女優になって、多くの人にわたしを知ってもらいたい。そのために演技のレッスンにも通ってるし……。

支配人　多くの人。どうして多くの人である必要があるのですか？　ハリウッドでなくても、今ここで、誰かを笑顔にさせることはできるはずですが。たとえば、わたしとか。

優子　は？　あなたを笑わせてどうするのよ？　どうせならたくさんの人に喜んでもらえたほうがいいじゃない。この客席がいっぱいに埋まって、大きな拍手をもらえたら、うれしいに決まってるでしょ？

支配人　なるほど。それならもし、仮にですよ。仮にあなたがたくさんの人からちやほやされたい、だけであれば、苦しいレッスンに耐え、競争の激しいオーディションを勝ち抜き、そのうえで配役に恵まれる運の良さまで必要とする。そんな過酷な職業に、わざわざ就く必要があるのでしょうか？

優子　過酷？　何それ、わたしがそんな競争率の高い職業を目指すなんて、身のほど知らずだって言いたいんですか？

支配人　わたしはそんなに意地悪に見えますか。

優子　だって……。

支配人　もしあなたのほんとうの目的が「有名になること」であれば、もっと効率のいい方法がほかにある、ということです。

優子　え？　効率のいい方法って何？

支配人　答えは簡単です。さあ、今すぐ服を脱いで街を歩いてください。それだけで、きっと即座に有名になれますよ。

優子　は？　何言ってんの？　そういうことじゃないでしょ。別にわたしは悪目立ちしたいわけじゃないの！

支配人　わたしが申し上げたいのは、ただ有名になりたいだけなら、女優以外にいくらでも方法があるということです。ですから何も、女優でなくてもいいのではないですか？

優子　女優じゃなくてもいいなんて、そんな簡単に言わないでよ！　だってわたしは背も低いし、スタイルもそんなに良くないからモデルは無理でしょ。あと、歌も苦手だから歌手も無理だし、アイドルっていうような顔立ちでもない。だったら女優にしようって思って。

支配人　ほう、だったら女優にしよう。それは、有名になる方法の中から、消去法として女優を選んだということですよね？

優子　消去法って、し……失礼ね！　ああ……、もう、わたしはあなたとそんな禅問答をしたいわけじゃないの！　女優になるためにどうしたらいいのかを知りたいの。自分でいくら考えてもわからないから、何か答えが欲しいのよ。

支配人　答えが欲しい。

優子　ええ。悩みが解決する方法が、きっとどこかにあるはずなの。それを知りたいって言ってるの！

支配人　そうですか。では、お帰りください。

優子　はあ？　帰る？

支配人　これは、ほかの誰でもない、あなたが向き合うべき苦しみです。だから、あなたが考えるのをやめるとおっしゃるなら、このお話は終わりです。

優子　何よそれ。バカにしてるの？

支配人　いいえ。まさか。わたしは人をバカにすることなど決してありません。あなたがこの問いを放り出して今すぐ帰っても、あなたを非難することはありませんので、ご安心ください。さあ、どうぞ。

優子は、劇場の前に立ったときに覚えたふしぎな高揚感を、どこに持っていけばいいのかわからなかった。たしかに半信半疑ではあったが、どうしてこんな厳しい問答を続けなければならないのだろう?

しかしなぜか、さっき土をかぶせたはずの箱が、自分の中で存在感を増している。たぶん、ここで帰ってはいけない。帰ってしまったら何も変わらない。理由は言葉にできなかったが、なぜか、それだけはたしかな気がした。

魔法のように簡単に救われるなんて

優子　……そんな、そんなこと言われたって、帰りません。わたしは帰りませんよ！　だってここ、噂では、人生に迷った人を救ってくれる劇場なんでしょう？　どうすればいいのか教えてもらえるまで、わたし、帰らないんだから！

支配人　ああ、たしかにここは、わたしの知らないところで、そんなふうに呼ばれているそうですね。でも、ここに来たすべての方が、どんな人生を送ったかは、わたしにはわかりません。そもそも、一つ言えるのは、この世にそんな都合のいい場所など存在しないということです。

優子　は？　存在しない？　じゃあ、なんでそんな噂が立ったのよ。

支配人　さあ、どうしてでしょう？　噂をしているのはわたしではないので、なんともない……。ただ一つ言えることは、わたしは魔法使いでも聖人君子でも、なんでもないということです。悩みを解決する特効薬を持っているわけでもない。そもそも、誰かを救おうとか、導こうと思っている人間でもありません。

優子　そんな、わたしだって別に、魔法のように簡単に救われるなんて、思ってないです。もちろん何度も何度も考えたわ……。でも答えなんて出なかった。自分ではもうわからないから、あなたに聞いてるんでしょ！

支配人 答えですか。なるほど。あなただけでなく、多くの方が、すべてに答えが用意されているという前提で、ノウハウを探しています。おそらく、ゲームには必ず攻略法があって、問題集には必ず解答ページがあると思われているからでしょう。しかし、人生には万人に当てはまる攻略法も解答ページも存在しません。

優子 そんなこと言われたら、絶望するしかないじゃない……。そもそも、どうして答えがないなんて言い切れるのよ？

支配人 あなたは誰かが答えを出してくれると思い込んでいます。しかし、もし答えがあるとすれば、それは、自分の中から見つけるしかないのです。

優子 は？　自分の中から見つける……？　はあ。あのねえ、そんなありきたりな話を聞くために、ここに来たわけじゃないんだけど。

支配人 ありきたり。たしかにそうかもしれません。**しかし、実際にそれを本気でやってみた方が、いったい何人いるでしょうか？　あなたも、具体的にやってみたことはありますか？**

優子 ……ないわけじゃないわ。たまに反省ノートだって書いてるし……。

支配人　ほんとうに？　とことん真剣に、自分に向き合ったと言い切れるでしょうか？　ほんとうの意味で自分に向き合うのは、つらい作業です。時間も労力もかかりますし、とてもめんどうな作業です。しかし、そうしなければ、自分が納得する答えにはたどり着けません。わたしには、そのつらい作業をお手伝いすることしかできないのです。

「魔法のように簡単に救われるとは思っていない」と豪語した優子だったが、友人にこの劇場の存在を聞いたときから、どこかで魔法を期待していたのかもしれない。タロット占いでいいカードが出たときのように。「大吉」のおみくじを擦《す》り切れるまで手帳に挟んでいるときのように。どこかで自分ではない何かが勝手に動いて、幸運を呼んできてくれると思っていたのかもしれない。

しかし、救われるには簡単どころか「つらい作業」が必要だと言う。それを聞いても、優子はめんどう以前に、ただ広すぎる大地に突然放り出されたような漠然とした気持ちにしかなれなかった。

優子はふと、コーヒーカップの中の暗闇を見つめた。
その底なし沼のような液体をずっと眺めていると、自分が体ごと吸い込まれていくようで、すっかり気が遠くなった。

有名になればしあわせになれる

支配人 では改めて考えてみましょう。あなたが女優になりたい理由は「お芝居が好きで演じたい」からなのか「有名になりたい」からなのか、どちらですか？

優子 ねえ、それって、どっちかに絞らなきゃダメなの？　正直、どっちもあるんだけど。

支配人 なるほど。たしかに、その二つを完全に分離して考えるのはむずかしいと思います。では、どちらの気持ちのほうが強いと思いますか？

優子 どちらが強いか……？

支配人 そうです。気持ちというのはあやふやでわかりづらいものです。まずは強弱で考えてみてください。ガスコンロのつまみで強火、弱火を調整するイメージです。

優子 強弱……。

支配人 有名になりたい気持ちか、ひたすらお芝居をしていたい、という気持ちか。どちらのほうが大きいのか、正直に教えてください。

優子 たぶん……どちらかというと、有名になりたい気持ちのほうが強いような気がする。正直、たくさんの人に、自分を知ってほしいし、評価だってされたい。でも、あなたから言わせると不純な動機なんですよね？ これって……。

支配人 いいえ、わたしは不純とか純粋とか、そういった視点で物事を判断していません。ですから正直になることを恐れないでください。あなたは有名になって、まわりに認められたい。その手段として女優になりたい、ということですね？ 演技がしたくてしょうがないわけじゃない。

優子 別に、演じることが嫌いなわけじゃないんです。演じているときは楽しいし、自分じゃない別の人間になれるのはうれしい。ただ、演技が好きで好きでしょうがないかって言われると、ちょっと気持ちが暗くなる……。

支配人 なるほど。そういう心の動きを見つめていきましょう。

優子 だけど、有名になりたい、って……。ここまで話聞いてると、何だか、バカみたいな理由に思えてきちゃった……。

支配人 そうですね。それを本心ではバカみたいだと思っていたから、あなたは、「人を喜ばせるために女優になるのだ」と、表面上はその順番を入れ替えることで、目的の正当化を図っていたのです。でも、そのほうがよっぽど不自然で、バカみたいだとは思いませんか？

優子 まあ……たしかにそうかもしれないけど。でも、誰にも知られてないよりも有名になったほうが絶対しあわせだし、毎日楽しいに決まってるでしょ？

支配人 しかしたとえば、こんな話があります。世界的な有名人が、成功したあと薬物に走ったり自殺未遂したりしたニュースを、聞いたことはありませんか？

優子 ああ、マリリン・モンロー……とか？

支配人 そう。人から認められたくて、成功したくて、それを追い求めて、有名になったにもかかわらず、苦しくなって自殺してしまう。**もし「有名になればしあわせになれる」という方程式が成立するのなら、彼らは死ななくてよかったはずです。**それなのに、どうしてそんなことが起こるのでしょうか。

優子 うーん……それは、でも、その人じゃないとわからないでしょ？

支配人 ええ、もちろんそうです。しかし「有名＝しあわせ」という方程式が成立しないということはわかりますね？

優子 まあ、何となくは……。

支配人 つまり、あなたが有名になったとしても、今の苦しみから必ず抜け出せるという保証はないのです。それなのに、どうして有名になりたいと思われるのでしょうか？

優子 だって……わたしは昔からずっと、人に憧れてもらえる存在になりたかったんです。たくさんの人から好かれて、誰からも「あの子って素敵だね」って言われるような……。

支配人 あなたは、どうしてそんなにたくさんの人から好かれたいのですか？

優子 え？　だって、人から好かれたり愛されたりするのって、誰だってうれしいに決まってるでしょ？

支配人 誰にとってもうれしいことが、あなたにとって必ずうれしいことだと言い切れますか？

優子 それは……。

支配人 大切なのは、あなたがどう考えているかです。ここでは一般論は何の意味も持ちません。さあ、あなたはどうしてそんなに人から好かれたいのか。もっと深く向き合ってみましょう。

支配人から言われた「なぜ人からそんなに好かれたいのか?」という問い。

優子はその欲望について、これまで一度も疑問に思わなかったことに気づいた。当たり前すぎたからだ。

しかし、「好かれたい」という言葉から、優子の記憶によみがえってきた光景があった。

それは、清らかな笑顔の少女が、優子に笑いかけてくれる姿だった。

優子は、目をつむって頭を軽く振った。

彼女を階段から突き落としてしまおう

優子 わたしには、幼馴染の親友がいるんです……。その子、渚《なぎさ》っていうんですけど、家が近所で、保育園のころからずーっと毎日遊んでて、高校まで学校も同じで、とにかく仲がいい子でした。

支配人 親友。では、その渚さんと、あなたが人から好かれたいということに、どのような関係が？

優子 わたしは……わたしは渚みたいに、まわりから愛されたかったんです。渚は、目鼻立ちがはっきりしてて、いわゆる美人でした。性格も明るくて、優しくて。だから誰からも愛されて、いつもクラスの人気者だったんです。

支配人 なるほど。親友への憧れから、愛されたい気持ちが募ったということですか？

優子 はい。もちろん渚がそんなに可愛いって、小さいころは全然気づかなかったんです。でも、中学生くらいになると、だんだんわかってくるじゃないですか。男の子が「あの子可愛くない？」って渚の噂をし始めたりして。しまいにはわたしの好きだった男の子から「渚ちゃんと話したいから、つないでくれない？」

って頼まれたりして。

支配人 それは、傷つきますね。

優子 はい、かなりショックでした。だけど、渚はほんとうにいい子で、わたしが落ち込んでたらいつも励ましてくれるし、お父さんが大手自動車メーカーの役員で家もお金持ちなのに、性格はサバサバしてて気持ちいいし。とにかく非の打ち所がないんです。しかもスタイルもいいから、高校のときから雑誌の読者モデルとかになっちゃって。今やＣＭに引っぱりだこの堂々たる女優です。当時から女子からの人気もすごかった。

支配人 いつも輪の中心に渚さんがいた。

優子 はい。だから、「引き立て役」ってなるべく言われないようにメイクとかおしゃれとかがんばって、イケてる感じに見えるように努力してました。もし渚と高校で知り合ってたら、話しかけてももらえなかったと思うんですけど、幼馴染だったからこんなに仲良くしてもらえて、ほんとありがとうって思って。

支配人 仲良くしてもらえて？

優子 はい。ほんとうはそんな資格ないと思うんですけど、渚と仲がいいからっていう理由だけで、なんとなく学校でも目立つグループ……いわゆる「一軍」に入れてもらってたんです。それなのに、わたし、渚がうらやましくて、憎らしくて。

支配人 憎らしい？

優子 ええ……。その憎さがふくらんで、悶々《もんもん》として、あるとき彼女を階段から突き落としてしまおう、と思っていた自分に気づいて……。ゾッとしました。わたし、何しようとしてたんだろうって。

支配人 それは、寸前で止められたということですか？

優子 そうです。さすがに大事な親友だから……。でも、突き落とそうとした自分がほんとうに怖くなって……。わたしって、ひどい人間ですよね。最低よ……。

支配人 それくらい、渚さんのことがうらやましかったということですか？

優子 はい。今考えればわかりやすいほどの嫉妬です……。渚は何一つ悪くない。彼女はわたしに嫌なことなんてしないし、わたしを信頼して恋愛のこととか、悩んでることとか、いろんなことを相談してくれた。だけどだんだんその性格の良ささえも腹立たしくなってきて……。

支配人 憎しみまで抱くようになってしまった。

優子 ええ、「どうせあんたは、余裕があるから人に優しくできるんでしょ」みたいなことを思うようになってきちゃって……。そんなふうに考えてしまう自分もすごく嫌でした……。そんなときに、渚の事務所のマネージャーさんが、わたしも所属しないかって声かけてくれたんです。

支配人 それが今の事務所なのですか？

優子 そうです。だから、うれしかった。初めてわたしも認められたんだって思いました。だけど、オーディションには落ちまくるし、いくら努力したっていい仕事は全然来ない。でも渚は、どんどん売れていって、今では事務所の看板女優みたいな感じになっちゃって。

支配人 そうでしたか。

優子 しかも渚は、そんな自分の人気なんてまったく気にしないで、女優を続けながら普通に結婚したんですよ。相手は有名でもなんでもない一般の男性で……。そんなしあわせな生活を送りながら、結婚後も彼女は引っぱりだこなのに、わたしはいつまでもこんなで……。

支配人 そうですか。あなたはいまだに渚さんに対して複雑な思いを抱いていると。

優子 それは……。

支配人 それでは、あなたが以前想像したように、渚さんをこっそり階段から突き落として、しばらくテレビに出られないようにしてみるのはどうでしょうか？

優子　は？　何言ってんの？

支配人　もしくはあなただけが知っている、彼女の恋愛話を暴露してみるとか。彼女がいなくなれば、あなたに出番が回ってくるかもしれないのですよね？

優子　は？　あなた、頭おかしいんじゃない？　そんなことできるわけないじゃない！

支配人　あなたはどうしても有名な女優になって、たくさんの人から好かれたい。そう思っているなら、どんな手段でもとるべきではないでしょうか？

優子　そうかもしれないけど、でも、大事な親友を傷つけてまでそんなことするのは違うでしょ!?

支配人　違う？　**今、誰があなたに「違う」と言ったのですか？**

優子　え？

支配人　今、「違う」と言ったのは、あなたの中の誰ですか？

優子　誰って言われても……。それ何なのよ？　わけがわからない……。

支配人　わけがわからない？　あなたがあなた自身のことをわからない、ということですか？

優子　違うわよ……。「あなたの中の誰が」とかって言われても、オカルトっぽくて気持ち悪く聞こえただけで……。

支配人　しかし、実際聞こえてきたわけですよね。「それは違う」と。何かがあなたに語りかけてきた。それは、いったい誰なのでしょう？

優子は、小さなため息をついた。

なんとなく「違う」と言ってしまっただけなのに、その理由を、こんなに問い詰められるとは思ってもいなかった。

「違う」と言ったのは、優子以外にはいない。

それが誰かと聞かれても、「わたし」としか答えようがないじゃないか。

▲〈大人の心〉と〈子どもの心〉

支配人　とても重要なことをお話しします。

優子　何よ……。

支配人　あなたは、自分の心は「一つ」しかないと思っていませんか？

優子　思ってるけど……。一つじゃないの？

支配人　はい。**わたしは「心」というものは、二つに分かれていると思うのです。**もしかしたらそれ以上かもしれませんが、ここでは二つということにしておきましょう。

優子　二つって……。二重人格、みたいなこと？

支配人　大げさに言えばそういうことかもしれません。その二つのことを、仮に**〈大人の心〉**と**〈子どもの心〉**と呼ぶとしましょう。

優子　〈大人の心〉と……〈子どもの心〉？

支配人　ええ。まず、あなたの中で渚さんを階段から突き落としてでも、目的を達成したいと言っている存在。そちらが〈大人の心〉です。

優子　それが大人……。

支配人　はい。一方、あなたの中には、わたしの言葉に「違う」と言ったほう……つまり「親友を傷つけてまで人に好かれたくはない」と言っている存在もいる。そちらが、〈子どもの心〉です。しかしこれは、言葉にするのがとてもむずかしい概念です。

優子 えっと……そんな、言葉にするのもむずかしいような話をされても……。

支配人 しかし、これはとても重要なことなのです。もう少し詳しくご説明しましょう。

まず〈大人の心〉とは「論理」「頭脳」「計算」とも呼べるものです。つねに合理的な判断をくだす、利己的な存在です。これは損か得か？　利益か不利益か？　安全か危険か？　つねに比較し、数値化・言語化して、何かを達成するための「道具」です。〈子どもの心〉を具現化するために必要なツールであり、社会という組織、システムにおいて、重要な役割を果たします。

一方、〈子どもの心〉は、ほかの言葉にすると**「ハート」「感情」「無意識」「直感」**ともいえます。それは「上下」「高低」といった、あらゆる境界線が存在しない、とても情緒的で**あいまいな、カオスのようなもの**です。「好き」「嫌い」「楽しい」「悲しい」といった、**感情に根ざした存在**ですが、明確な形……つまり「言葉」には簡単に落とし込めません。

優子　えっと、なんかいまいちよくわからないんだけど……。それを知ったところで、わたしに何のメリットがあるっていうの？

支配人　あなたの心は今、混乱しているように見えます。しかし、この二つをあなたの中でしっかり区別できれば、その苦しみを終わらせる作業が、スムーズになるかもしれない。

優子　え、別にわたし、混乱なんかしてません！

支配人　そうですか。しかしあなたが本心で「何としてでも人に好かれたい」と思っているのなら、渚さんを蹴落としてでも有名になる手段を選べばいいはずです。なのに、同時にあなたは「そこまでして人に好かれたくない」とも感じている。その二つは、矛盾していないでしょうか？

優子　それはそうだけど……。

支配人　**悩みというのはたいてい、この〈大人の心〉と〈子どもの心〉の意見が食い違うことから生じています。**ですからまず、あなたの中にこの二つが存在するということを認識していただきたいのです。

優子　まあ、仮にその二つがわたしの中に存在するとしても……、そもそも、わたしの中の何が〈大人の心〉で、何が〈子どもの心〉なのか、よくわからないんですけど……。

支配人　なるほど。もう少しわかりやすく言えば、〈大人の心〉というのは、人の目を気にして、人と比べて優位に立っていれば安心だと考える心です。一方の〈子どもの心〉というのは、人の目なんて気にせず、やりたいことをやってしまう心です。絵を描くのが楽しそうだと思ったから描く。演技が好きだから演じる。とても無垢《むく》な思いで、そこには「人より優位に立てるからこうしよう」といった打算的な考えはいっさいありません。

優子　何よそれ。わたしが「演技がしたい」わけじゃないのに「女優になりたい」って言ってること、まだ否定したいわけ？　そんなねちねちと……。

支配人　いえいえ。わたしはあなたを否定したいわけではありません。そもそも〈子どもの心〉というのは、大人になるにつれて、だんだん見えづらくなってしまうものなのです。

優子　……大人になると見えなくなるって、なんだか幽霊みたいね。でも、大人になっても〈子どもの心〉を持ち続けてる人はたくさんいると思うけど？

支配人　もちろんそういう方もいらっしゃいます。しかし〈大人の心〉というのは、社会の中で自分を守るために身に着けた、鎧《よろい》のようなものです。「お金持ちになる」「人から尊敬される仕事に就く」「人望を集める」「出世する」「いい家に住む」などといった、社会的に高い地位や名声、肩書きを得るために計算して動いてしまう。それが習慣になればなるほど〈子どもの心〉は見えにくくなっていきます。

優子　まあ子どもだったら、そんな計算、しなくてもいいわよね。だけど、大人になったら計算もしないと生きていけないでしょ？　じゃあ何、あなたは〈大人の心〉なんて捨てて、〈子どもの心〉だけで生きていけって言いたいの？

支配人　いいえ。わたしは〈大人の心〉の存在を否定しているわけではありません。どちらも持っているのが人間ですし、〈大人の心〉がまったくなくなったら、それこそ野性の獣に近い存在になってしまいます。しかし、あなたをはじめ、多くの人はどうしても〈子どもの心〉をないがしろにして〈大人の心〉を優先してしまう。

優子　でも、それの何が問題なの？　別に、社会的に認められることを目指すのは、悪いことでもなんでもないでしょ？

支配人　もちろん、あなたがほんとうにそうしたいなら、そうすればいい。しかし実際、あなたは無意識のうちに〈大人の心〉を優先しているせいで、苦しんでいるのです。**〈子どもの心〉という情緒的な出発点から目をそらし続けるかぎり、どれだけお金を稼いでも、どれだけ有名になっても、そこに安心はない。平穏は訪れない。**わたしはそう考えています。

優子　ちょっと待って。……情緒的な出発点って？　そこに安心はない？　ああ……、なんだか話が抽象的すぎて頭が働かなくなってきました……。

支配人　目に見えないものの話は、とても疲れますからね。ふだん見慣れていないものですから、なおさらです。それでは一息ついてから整理しましょう。コーヒーをもう一杯お持ちしますね。

支配人がコーヒーを淹れ直している間、優子はぼんやりと目をつむっていた。

〈子どもの心〉と〈大人の心〉。

　世の中にあるいろいろなものについて、そんなふうに分類して考えたことはなかった。いや、まったく聞いたことがない話ではないが、それを認識することと、自分との関係性を、考えたことがなかったのだ。

わかるようでわからない、そんなこんがらがった糸をほどききれないうちに、湯

――気の立ったコーヒーカップを手に支配人が戻ってきた。足音も立てずに。

損得勘定を優先したら

支配人 どうぞ。

優子 ありがとうございます。あ、熱っ！

支配人 熱いのでお気をつけて……って、お伝えするのが遅かったですね。

優子 いえ……わたしどんくさいから。あれ、この「熱い」って思うのは〈子どもの心〉……？

支配人 いいえ、それはただの「反応」ですね。〈子どもの心〉とはもっとあいまいなもののことです。

優子 ……ねえ、ちょっと。

支配人 はい？

優子 あなた、もしかして、なんだかスピリチュアルなこと言って、わたしを煙に巻こうとしてない？

支配人　煙に巻く？　ははは。そんなことをして、わたしにいったい何のメリットがあるというのでしょう？

優子　だって……。あんまりにもつかみどころのない話だから。感覚的なことで、なんとなくわかった気にさせたいのかなって……。

支配人　たしかに、とても感覚的でつかみづらい概念ではありますね。それゆえ**多くの人は「感情的になるな」とか「大人になれ」などと言って〈子どもの心〉の存在を無視してしまいがちです。**しかしどれだけ見ないふりをしても、確実に存在しているのが〈子どもの心〉というものです。

優子　確実に存在してるって言われても、いまいち実感が持てないっていうか……。

支配人　実感が持てない。では、これならどうでしょう？　たとえばあなたに好きな人、大切な人がいたとします。一度、その人のことを思い浮かべてみてください。

優子　え、好きな人……？

支配人　そうです。今いらっしゃらなければ、過去に人を好きになったときの気持ちを思い出してみてください。その人の顔や、声、しぐさ。もちろん大切な存在なら、飼っている犬や猫でもかまいません。さあ、どんな気持ちになりますか？

優子　うーん、なんだか、暗かった気分が、少し明るくなったかも。

支配人　気分が明るくなった。では、その人をなぜ好きなのか、理由を説明できますか？

優子　えっ……。そりゃあ、好きだから……？

支配人　それでは理由になっていませんね。なぜ、好きなのですか？

優子　だって、好きなものは好きなんだもん、としか言いようがないじゃん。

支配人　そこをなんとか、無理にでも言葉にしてみてください。

優子　……優しいから？　おもしろいから……？　でもなんか足りない気がする……。

支配人　そうですよね。「好きだなあ」「一緒にいて楽しいなあ」「居心地がいいなあ」と感じることは、極めてあいまいな気持ちに根ざしています。だから、「好き」の理由なんて、本来なら言語化しようがない。

優子　まあ、無理に言葉にすると、どこか嘘っぽい気はしますけど……。

支配人　そう、**〈子どもの心〉というのは、言葉や数字など、目に見える形にはできません。だから、無視してしまう。**しかし、それでもなお、あなたの中に確実に存在することはわかりますね？

優子　まあ……それはなんとなく。だけど、だからって〈子どもの心〉を「優先しなきゃいけない」っていうのは納得できないんだけど。

支配人 なるほど。ではたとえばあなたが、結婚相談所に登録したとします。おそらくそのときに、何か条件を伝えますよね。「優しい人」「おもしろい人」「友達が多い人」「顔立ちが整った人」「背が180センチ以上ある人」「服のセンスがいい人」「年収1000万円以上ある人」。

優子 なんか……わたしすごい嫌な女じゃない？

支配人 まあ、たとえばの話ですから。その条件に合った人がパソコンではじき出されて、実際に会ってみたとします。そうしたら、あなたは絶対に好きになりますか？

優子 それは……わかんない。でも、そういう条件だけじゃなくて、「なんとなく合う」「なんとなく一緒にいたい」みたいなのが大事だと思うんだけど……。だから会ってみて「フィーリングが合わないな」って思ったら、たぶん好きにならないと思う。

支配人 そうですよね。それは、あなたの〈子どもの心〉の部分が「違うよ」と教えてくれているということでしょう。しかし、もしそこでその声をねじ伏せて〈大人の心〉を優先したとします。何かが違うと思っているのに「こんないい条件の人、この先絶対見つからないから……」といった損得勘定を優先して付き合ったとしましょう。それを想像したら、あなたはどんな気持ちになるでしょうか？

優子　さすがにそれは……。なんか嫌だけど……。

支配人　そう訴えかけてきているのがあなたの〈子どもの心〉です。ですから〈大人の心〉を優先するばかりに〈子どもの心〉を「いないもの扱い」していると、あなたの心はどんどん蝕《むしば》まれていく。どんどん苦しくなっていく。これを放っておくことがいかに危険か、多くの方が気づいていないのです。

優子　……。

支配人　さあ、聴いてみてください。ずっと見ないふりをしてきたあなたの〈子どもの心〉は、いったいあなたにどんなことを訴えかけてきているのでしょうか？

優子は、好きな人のことを思い浮かべたときの言葉にできない感覚を、少しの間味わっていた。たしかにそれは、わたしの中にある。温かいような、そわそわするような、満たされるような、背筋が伸びるような、何とも言えないたまらない心地。

「そんなもの、一銭にもならないじゃないか」

突然、もう一人の自分が、そんな感情に冷たい水をぶっかけてきた。

「愛情だけで結婚なんかするもんじゃない」

ふと、そうつぶやいていた、母親の背中を思い出した。

優子は、ふわふわとしてきた頭をしずめるために、お腹の奥まで届くくらい、深く息を吸い込んだ。

さっき淹れ直してもらったコーヒーカップの中には、まだたっぷりとした闇が広がっている。息を丁寧に吐き切ったお腹の中に、まだ熱さの残るその闇を流し込んだ。

生まれてきた価値がない

優子 意味、ないわよ……。

支配人 どうされました？

優子 わたしの〈子どもの心〉が何を言ってくるのかなんて、聴く価値ないって言ってるんです！

支配人 どうしてですか？　どうして聴く価値がないと？

優子 あなたがそういう、なんかきれいな心みたいなものを大事にしろって言いたいのはわかります。だけど、そんな純粋なものだけで渡っていけるほど、世の中って甘くないでしょう？　ただでさえわたしには、生まれてきた価値なんてなかったっていうのに……。

支配人 生まれてきた価値がない？　どうしてそう思われるのですか？

優子 だって……。

支配人 だって、何ですか？

優子 だって……、そもそも……わたしが親から愛されてなかったからよ。

支配人　ご両親から愛されていなかった？　そう感じる何かがあったのですか？

優子　……もう、いいわよ……。こんな話聞いたって、意味ないって言ってるでしょ。

支配人　いいえ。意味はあります。

優子　はあ？　どんな意味があるっていうのよ。

支配人　あなたが今ここで、〈子どもの心〉の声を聴いてあげなければ、一生あなたの苦しみは終わりません。〈大人の心〉が無理やりねじ伏せていた、もう一つの自分の心の声を素直に聴いてあげること。これが今のあなたにとって、もっとも必要なことだと思うのです。

優子　でも……。

支配人　あなたが自分に「価値がない」と感じる原因がそこにあるのなら、そこにしっかり向き合う必要があります。ですから、どんなことでもかまいません。ひっかかっていることはすべて、話してみてください。

優子　……別に、そんなたいした話じゃないわよ……。

支配人　どんなささいなことでもいいのです。あなたは、何か親御さんからひどいことをされたのでしょうか？

優子　ひどいこと……。そうね、わかりやすく親から暴言を吐かれたりとか、そういうことがあったわけじゃないの。

支配人 かまいません。世の中はそんなに派手なトラウマを抱えた人ばかりではありませんから。

優子 ……。わたしの両親は……わたしが小さいときから仲が悪かった。とにかくケンカばかりしてて、お互いがお互いのことをののしりあってました。しょっちゅう感情的に言葉をぶつけあってて……。だからわたしは、自分の部屋でいつも耳をふさいでいた……。

支配人 それはお気の毒に……。

優子 父が母に「出て行け！」「お前なんかと結婚しなきゃよかった！」って怒鳴るから、母はわたしを連れてたびたび実家に帰ってて。その間じゅう、母から父の悪口をずーっと聞かされてた。ものが飛び交うときだってありました。座布団なら可愛いほうで、コップとか、フォークとか。

支配人 それは危ない……。ほかに誰か、止める方はいなかったのですか？

優子 いなかったです。妹はまだ小さかったから、わたしがしっかりしなきゃいけなくて。いちおう父方の祖母も一緒に住んでいたんですが、祖母も祖母でどうかしてる人で、母に嫌味を言っていじめるんです。両親がケンカを始めたら、「あんたがきちんとしてないから、息子がこんなにおかしくなった」って母のほうを責めて、なぜかいきなり家に火を付けようとしたり。今思うと笑っちゃいますよね。でも、当時はそういうことが起きるたび、気が狂いそうだった……。

支配人　幼いあなたにとって、逃げ場がまったくない日々だった？

優子　ええ。友達や親戚に相談して解決する問題でもなくて。とにかく父は、母のやることなすこと気に食わないみたいで、料理をほめているところなんて一度も見たことないし、母の家事に文句ばかりつけていました。母がかわいそうで、だけど泣いてる母はみじめで……、見ているのがつらかった。

支配人　なるほど。あなたがとてもつらい環境で育ってこられたことはわかりました。しかし……それは、あくまでご両親のお話ですよね？　あなたが「親から愛されなかった」と感じることと、どう関係があるのでしょう？

優子　だからわたしががんばらなきゃいけなかったの。わたしがいつも両親の機嫌をとっていたっていうか……。この人たちが穏やかでいるためには、わたしが愛されるように振る舞うしかないんだ、って思って、わがまま言わないように気をつけて。でも……。

支配人　でも？

優子　でも、どんなにわたしががんばっても、二人は言い争いをやめてくれなかった。そのたびに「こんなに仲が悪いのに、なんで結婚なんてしたんだろう？」って何度も考えて、「それなら、もう離婚すればいいのに」ってずっと思ってました。だって、バカみたいでしょ？　気が合わない人のそばにい続けるメリットって何かあります？

支配人　なるほど。仲の悪い二人を見ているくらいなら、いっそ別れてほしいと思っていた。

優子　はい。でも、そんなある日、母親に言われたんです。「あんたがいなかったら、もう離婚してるわ」って。

支配人　……。

優子　そしたらわたし……、それからしばらく、声が出せなくなって……おかしいですよね。「離婚すればいいのに」って思ってたくせに、いざ離婚の意思があることを伝えられたら、傷ついちゃうなんて。思った以上に、それがショックだったみたいで……。

支配人　そうでしたか……。しかし、どうしてお母様はそんなふうに思われたのでしょう？

優子　母は、もし父と離婚したら、自分だけでわたしを育てられないと思っていたんです。当時、母も働いていましたが、わたしを養うだけの経済力はなかった。だから、もしわたしがいなくて母一人だけだったら、もうとっくにあんな父とは別れている、という意味でしょう。だからそのとき、思ったんです「ああ、わたしがいなければよかったんだ」って。わたしは邪魔者だったんだって。

支配人　……言われた言葉のとおりに、「自分がいなければよかった」と思われた？

優子　そうよ。だって、わたしがいなければ、この二人はこんなにケンカすることもなく、それぞれ好きなように楽しく生きていけるわけでしょう？　「子はかすがい」なんかじゃなく、わたしが生きてるから、この人たちはこんなに苦しいんだって。ああ、全部わたしのせいじゃないかって。わたし、何がんばってたんだろうって！　あはは、そう考えるとバカバカしいったらありゃしない！

支配人　それが原因であなたは、自分の存在を否定するようになったということですか？

優子　そう……かもしれない。だって、わたしがいないことでしあわせになれる人がいるんですよ……？　それも、自分がとても大切に思っている人たちが！　あ、もう、どうしてこんなことあなたに話さなきゃいけないの!?　ねえ、もういい？　この話とわたしが女優になることと、いったいどう関係があるのよ!?

支配人 関係あります。それもおおいに。

優子 どういうふうによ？

支配人 あなたは、本来もっとも愛されたかったはずのご両親から「愛されていない」と感じていた。だから、その穴を埋めるように、たくさんの人から愛されようとした。結果、「女優」という仕事に就いて、有名になりたいと考えた。

優子 ……だったら、……だったら何だっていうの？　渚の家は、両親がすごく仲良くて、いつ遊びに行っても二人で笑いあってて。それがほんとうにうらやましかった。それなのに、あの人たちは、わたしが一番見たくない光景を見せ続けたのよ？

支配人 しかし、ご両親の不仲は、ご両親だけの問題です。それと、あなたへの愛情とは、ほんとうに関係があるのでしょうか？　ましてや渚さんの家庭と比較するようなことですか？　そもそもあなたは、ご両親に愛される必要があったのでしょうか？

優子 え？

支配人 あなたはほんとうに、ご両親に愛される必要があったのか？

優子 必要って……、親って本来なら無条件に子どものことを愛するものじゃないの？

だとしたら子どもを愛するなんて当たり前のことでしょ？

支配人 そうでしょうか？

優子 そういうものじゃないの？　親には子どもを愛する責任があるでしょう！　それなのにわたしは愛してもらえなかった！　愛せないのなら本来、子どもなんて生むべきじゃなかったのよ……。だからわたしは、ほかの人から愛されることを選んだ。そんなわたしを……、そんなわたしを、あなたは責めるって言うの!?

支配人 あなたを責めるつもりはありません。ただ、**ご両親でも、不特定多数の人たちからでもなく、そもそも他人から愛されることが、あなたにとってほんとうに必要なのでしょうか？**

優子 ……ああ、もう、そういう論理的なことを言われても、わたしはあの人たちにひどい目にあわされたって思ってるの！　あの人たちがずっとケンカしてたせいで、わたしは自分が生きてる意味がほんとうにわからなくなった。「生まれてこなきゃよかった」って何度も思った。自分を「好きだ」と思ったことなんて一度もない！　そんなわたしでも生きてていいんだって思える方法が、女優になるってことなのよ。有名になって、たくさんの人から愛されて……。そしたらやっと「生きてていい」って感じられるはずだって、正直思ってるわよ！　それの何が悪いっていうの？　愛されもしない存在に、意味があると思ってんの⁉

支配人　わかりました……。では、一度、こう想像してみてください。いいですか。

優子　え？

支配人　目の前に、2歳くらいのあなたが立っています。そして、じっとこっちを見ています。

優子　わたしが？

支配人　ええ。あなたです。今のご自分が、2歳くらいの幼いあなたと対峙しています。

優子　2歳くらいのわたしと？

支配人　はい。まだ言葉もままならない、小さな体で、懸命に歩いている。

優子　だったら、何なのよ……？

支配人　にこにこと手を伸ばしながら、よちよち歩きで、あなたのほうにゆっくり近づいてきます。さあ、その子を見て、どう思いますか？

優子　どう思うって……。

支配人　さあ、イメージしてください。

目の前に、子どものころのあなたがいます。どうですか？

支配人 その子に何か、問題がありますか？

優子 いえ、別に問題はないですけど……？

支配人 では、もう一度想像してみてください。ここに10人の子どもがいるとします。肌の色が違う子もいれば、太っている子も痩せている子もいる。足がない子もいれば、腕がない子もいます。その子たちに何か問題がありますか？

優子 え？ そんなの、問題あるわけないじゃない。みんな、それぞれ可愛いですけど……？

支配人 なるほど。その子たちには問題がない。では、それなのに、なぜあなたは今の自分に問題があると思うのでしょうか？

優子 え……。

支配人 どうしてあなたは、自分のことをそんなに厳しい目で見ているのでしょうか？子ども時代の自分や、ほかの子どもたちは問題ないと感じるのに、どうして今の自分にはダメだと言い続けるのですか？

優子 ……。

支配人 今のあなたは、転んでも転んでも、立ち上がろうとしている。責めるどころか、むしろ応援したくなるのではないでしょうか？

優子　ああ……。

支配人　それが、**あなたが「声を聞いてあげるほどの価値はない」とおっしゃっていたものの正体です。**

優子　え……？

支配人　あなたは何気なく言っただけかもしれない。しかしそれは、目の前の子どものころのあなたに「あなたは両親から愛されていないから生きている価値がない」「だから、あなたのことは好きになれない」「もっと有名にならなければ、生まれてきた意味がない」と言い続ける行為と等しいものではないでしょうか？

優子　そ……そんな……。

支配人　彼女は何のわだかまりもなく世界を受け入れ、ただそこに存在している。なのにあなたは今の自分に「あなたは生きる価値のない人間だ」という言葉を投げつける。これは、もはや虐待だとは思いませんか？

優子　虐待……。

支配人　少しきつい言葉を使ってしまいました。しかしこれは、わたしの実感をともなった言葉なのです。

優子　実感って……？

支配人　わたしもじつは、あなたと同じだったのです。

優子　え？　あなたも……？

支配人　はい。わたしの父親は、実業家でした。一代で会社を築き、大きくした父は、とても厳格にわたしを育てました。幼いころから、子ども扱いされたことは一度もなく、甘えさせてもらったこともありませんでした。

優子　そんなに厳しかったの……？

支配人　いえ、今にして思えば、わたしが父のことをそう思い込んでいただけなのですが……。いずれにしてもわたしは、権力や財力を持った偉大な父親を超えなければ。そうしなければ父親に愛してもらえない、認めてもらえない……、と思うようになっていました。

優子　お父さんを超えられないと、自分はダメなんだ。そうじゃないから愛されないんだって思い込んでたってこと？

支配人　そうです。父親に比べたら、自分は劣っている。だから、あらゆる角度から父親よりもすごい人間にならなければダメだ。そうしないと愛してもらえない……。ずっとそう思って生きてきました。

優子　そうなんだ……。

支配人　ええ。しかし、あるとき気づいたんです。そんなふうに、わざわざ自分で自分を虐待する必要はあるのか？　と。

優子　自分で自分を……。

支配人　天真爛漫に微笑むその幼い自分に「もっと勉強しろ」「親に愛されないようなお前は、ダメな人間だ」などという言葉を投げつける必要があるのかと。ただ無垢に生きている子どもに対して、「お前に価値はない」と言う必要があったのでしょうか？

優子　必要ない……！　そんな、そんな必要ないと思います……！

支配人　そう、必要ないことだった。しかしそれは、幼いあなたに対してご両親がしていたのと、同じことではないでしょうか？

優子　同じこと……？

支配人　はい。あなたはご両親から毎日仲の悪い様子を見せつけられ、あげく「あなたがいなければ離婚できたのに」と言われて、自分の存在を根本から否定された。それは、幼かったあなたにとって、大きな傷となって残った。

優子　ええ……。ええ、そうよ。

支配人　しかし今のあなたは、幼い自分の声を無視している。それは、ご両親があなたにしていた「存在の否定」と、何が違うのでしょうか？

優子 ああ、わたしは……。あの人たちと同じことを自分にしてたってこと……？

支配人 あなたは自分を社会的に認められる存在にすることで、その価値を確かめようとしていた。有名でなければ、人から愛されなければ、価値のない人間だと思い込んでいた。

優子 ええ……。

支配人 そもそもあなたは、「誰か」から愛される必要が、ほんとうにあるのでしょうか？

優子 ……。

支配人 もちろん、愛されたい気持ちがすぐに消えるわけではないでしょう。愛されることを求めるな、ということでもありません。ただ、自分自身を「わざわざ嫌う必要はない」と思うことは、今すぐにでもできるはずです。これでもまだ、あなたは自分に価値がないと言い続けますか？

優子 いいえ……。それは……。

支配人 それができれば、不特定多数の人から愛されることを、必要以上に求めなくてもよくなるのではないでしょうか。さあ、もう一度思い浮かべてみてください。

2歳のあなたが懸命に歩いてくる姿を。

優子　……。
支配人　どんな感情が湧いてきますか？
優子　可愛い……。
支配人　可愛い？
優子　はい。なんだか、愛おしい感じがします。
支配人　愛おしい。
優子　……あれ？
支配人　どうしました？
優子　今……わたし、自分のことを愛おしいって言った？
支配人　はい。おっしゃいました。
優子　えっ……。おかしいな。自分のことが愛おしいなんて、思ったことないのに……。
支配人　そんなふうに感じるのは、初めてなのですか？
優子　だってわたし、自分のことなんて、全然好きじゃないのよ？　むしろ嫌なところしかないって思って……。それなのに……。
支配人　しかしたしかに、あなたの中に「愛おしい」という感情が生まれた？

優子 ええ……。ものすごく、抱きしめてあげたくなって……。

支配人 そう。その感情です。それが、あなたが本来、自分に対して持っている感情なのです。それをどうか、忘れないでください。

優子 ああ、ふしぎです……。なんだろう。とてもふしぎ！

優子は、今までに味わったことのない種類のすがすがしさを感じていた。

ずっとずっと、自分のことが嫌いだったはずだ。なのになぜか、ほんの少しだけ自分のことを愛おしく感じる。

もちろん、2歳と今の自分とはまったく違う。しかし、本質的には同じなのだ。その、澄んだ目をした子どもは、まぎれもなくわたし自身なのだ。

その、まるで初めて空を飛んだ鳥のような高揚感は、優子の全身を駆け巡っていた。

それと同時に、強い後悔も覚えた。わたしはずっと、こんな愛おしい子をいじめ続けてきたのだ。気づかないうちにそんなことをしていたなんて。
「あの人に比べて自分はダメだ」という言葉を、頭の中で軽々しく何度も口にしていた自分が、ひどく愚かに思えてきた。

▲もう二度と繰り返したくありません

優子 ……わたし、自分にひどいことをしてたんだ。しかも、無自覚のうちに。ああ、なんてことしちゃったんだろう……。

支配人 ああ……。ハンカチ、お使いになりますか？

優子 えっ？　あ、ああ……ありがとうございます……。わたし、こんな可愛い子を、虐待してきたんだ。ダメだダメだって。ひどいですね。ほんと、何してたんだろう。バカみたい。

支配人 そうやって、ご自分を責めるのがクセになっているようですね。さあ、涙を拭いてください。

優子 あなたの言うとおりかもしれない……。わたし、有名になって、ちやほやされて「みんなから好かれてる自分」になれたら、自分を愛せるようになれるって思ってた。「そんな自分なら良し」って認められるって……。

支配人 **他人の評価によって、自分の価値を決めようとしていたのですね。**

優子 はい。でもわたしは、ほんとうは、自分のことを認めて、好きになってあげたかった。それだけだったのに……。

支配人 あなたは〈大人の心〉の判断で、「自分には価値がない」と思い込んでいた。そのことに深く気づいた今、あなたはまだ、有名になりたいと思いますか？ 多くの人に認められて、満たされたいと思いますか？

優子 それは……その気持ちがいきなりなくなったわけじゃないけど、うん、なんだか「有名にならなきゃいけない」みたいな焦りは、消えてる気がする……。なんか、今まで無理やり渚より上に行かなきゃとか、親に愛されてない自分には価値がない、って深刻に考えてたのが、ちょっとバカバカしくなってきたっていうか……。

支配人　そうですか。もともとそういう考えは、比較するクセが生み出した幻想ともいえるので、一度気づいたら消えるのは早いものです。あとは、それに慣れていくだけです。

優子　だけどわたし、ここを出たら、また同じようなことで悩んじゃうかもしれない。クセだから……ずっと自分をダメだって言い続けてきたから、また〈子どもの心〉を無視してしまったらどうしよう……。

支配人　でしたら、これならいかがでしょう？

優子　え……？

突然、オレンジ色の暗い明かりが消えた。
支配人の顔も、古めかしい舞台も、自分の手も、何もかもが見えなくなった。
すると、やわらかい光が体を包み込むのがわかった。

光がどこから来ているのか確かめるように目を上げると、
そこには満天の星空が広がっていた。

優子　わあ……。きれい……。

支配人　今、どんな気分ですか？

優子　え？　わあ、きれいだなーって思ってます……。

支配人　それから？

優子　なんか、心が奪われるっていうか。うまく言えないけど……。

支配人　なるほど。とくに意識していないのに、言葉にできない感覚が押し寄せてくる。

優子　ええ、圧倒されるっていうか……。

支配人　今、空を見ながら、自分に価値がないと思いましたか？

優子　いいえ……！　そんなこと、すっかり忘れてました。

支配人　美しいものに心が奪われているときは、人は、自分のことを考えていません。

優子　え？

支配人　**美しいものを見ているときというのは「あの子と比べて自分はダメだ」とか「もっと有名にならなくちゃ」とか「将来どうなるんだろう」といった、自分の損得にかかわる、打算的なあらゆることを忘れてしまっています。**そこから離れ、ただ美しいものを見て、感じている。これが、〈子どもの心〉の側、つまり2歳のあなたが見ている世界です。

優子　これが……。

支配人　ですから、もし今度自分のことを「嫌い」と言いそうになったら、こうやってときどき夜空を眺めてみてください。日中でしたら、街角にたたずむ草花をただ見つめるだけでもかまいません。そうすればきっと、忘れかけていた自分の〈子どもの心〉の存在を、また思い出すことができるはずです。

優子　あの、支配人。

支配人　なんでしょう？

優子　わたし、それでも、女優になりたいっていう気持ちが残っている気がします。

支配人　なるほど。それは、どうしてですか？

優子　もちろん、女優というのが単なる肩書きだってことは、よくわかりました。別にもう、女優じゃなくてもいいんじゃないかって思ってます。でも……なぜか、何かを演じてみたいという感情がある。これは、何なんでしょうか……？

支配人　あなたが自分の中の〈子どもの心〉の声に耳を傾けたことで、その感情をもっと大切にして「演じてみたい」という感覚が芽生えているのかもしれません。つまり今のあなたは、やみくもに女優になりたいわけではない。ただ、演じたい。演じてみたい。そういう衝動に気づいた、ということではないですか？

優子　そうかもしれない。ただなんとなく「演じてみたい」っていう小さな芽みたいなものを感じて、それがどう育つのかが気になるっていうか……。うまく言えないけど……。

支配人　うまく言えなくても大丈夫です。それこそがあなたにしかわからない、情緒的な〈子どもの心〉なのですから。そして**結果的にその〈子どもの心〉を見つめることが、じつは〈大人の心〉の世界で、「勝つ」ための唯一の方法なのかもしれません。**「勝ち負け」という概念はそもそも存在しないと考えていますが、ここではあえて使いました。

優子　勝ち負け……か……。わたしがずっとオーディションに落ちていたのも、自分の〈子どもの心〉の声を見失ってたからなのかな。

支配人　それはわたしにはわかりません。ただ、演技のパターンをいくつも身につけたところで、ただセリフを上手に言えたところで、見る人の心を動かせるわけではない。お芝居のことはわかりませんが、打算から生み出された演技が人の心を芯から揺さぶる様子を、わたしには想像することができません。

優子　そうよね。見る側の人たちも、わたしたちの演技を〈子どもの心〉で受け取ってるんだから。わたし、今まで演技のレッスンでも、映画を研究するときでも、なんとかして「盗んでやろう」としていたような気がします。表情とか、しぐさとか、言い回しとかのパターンを。それって、〈大人の心〉のほうを使って、ただ計算してたってことですよね。

支配人 そうかもしれませんね。

優子 結局わたしは、うわっつらで演技をしていただけなのかもしれない。だから、誰の心も動かせなくて、自分も楽しくなかった。もしかして、もっと自分の〈子どもの心〉の声に耳を傾けてみれば、何か変わるのかもしれない。

支配人 そうですか。

優子 あれ……もしかしてわたし、何も悩む必要なんてなかったってこと?

支配人 そうかもしれません。そもそも「悩み」というのは、その多くが、比較の世界での単なる幻想にすぎないのですから。

●

劇場を出た優子は、ふと、小さいころに見たテレビの中の女優さんを思い出した。たしか、家族を描いたドラマのお母さん役だった気がする。

笑うと、パッと花が咲いたようにその場の空気を明るくするお母さん。自転車の前かごからはみ出したネギを風になびかせながら、商店街を疾走する元気なお母さん。友達を泣かせてしまった息子を叱りながら、自分も大粒の涙を流す、愛情にあふれたお母さん。

そのふくふくとした姿は、優子にとって強い憧れとして、目に焼きついていた。今思えば「うちも、あんな家庭だったらよかったのにな」という現実逃避だったのかもしれない。ただ、どんなにつらいときも、あの女優さんを見ているときだけは、まるで別世界にいるような、救われた思いがしたのだ。

あの人は、いったいどんな感情で、あの演技をしていたんだろう?

そう思って優子はゆっくりと目を閉じた。

まぶたの裏に浮かんできたのは、生まれ育った実家から見える、田舎の風景だった。

真っ青に澄んだ晴れわたる空に、白い雪をかぶった山々がキラキラと連なっている。広がる田園には、鮮やかな紫色のれんげ草が絨毯《じゅうたん》のように咲き誇り、気持ちよさげに風に揺られている。

その景色は、美しかった。優子が抱えていた「自分の苦しみから抜け出したい」という問題とはまったく無関係に、ただただ美しかった――。

あの日から1か月。

優子はそれまでとは違い、「ほかの役者さんがどんな感情で演じているのかをもっと知りたい」と思うようになっていた。それだけでなく、まわりの人への接し方も変わった。これまで「上か」「下か」という視点でばかり人を見てきたけれど、一人ひとりの持つ〈子どもの心〉に照準をあわせると、どんな人間も個性的でおもしろく思えるようになってきた。

相変わらず、まだオーディションには受かっていない。しかし、だんだん演じることへの喜びを感じ始めてきた優子は、自分から小さな劇団の門を叩いた。

そして優子は、道端で演じる……ほどの勇気はまだないけれど、さびれた劇場で、

——わずかなお客さんの前で、汗をほとばしらせ、演じられる喜びを噛みしめていた。

第3話

やりたいことが見つからないあなたへ

うるさい!!!!!!

問いというのは、
肉体に落とし込む
ことが大事です。

「食えないと夢すら持てない」ということです。

明日の資料を作らなければ

僕は、夢中になって何かを追いかけたい。

の幻です。

何をよろしく
です。

ホームレスになった
として、あなたは、
どう感じますか?

僕は、もしかしたらナマケモノなのかもしれない、っていう仮説です。

まずはその音を取

いったいこれは何ですか？

「このままではいけない」「今の自分ではない何かにならねば」という焦り。

それはただ

いったい何をお世話になったんだ
お願いするんだろう？　と思ってい

とまれなければ何

も始まらないのです

わたしは先程、ひどい質問をしました

夢は、「持たなければいけない」ものではありません。

女優、医者、消防士、保育士、パティシエ、サッカー選手……。

何者かになるとは、どういうことですか？

待っていれば、聞こえてくるものなんですか定時のチャイムが鳴ったあと、瞬は、同期の茉莉《まり》から非常階段の踊り場に呼び出された。

「わたし、会社辞めるの」

茉莉は、瞬と同じ会社のデザイン部に所属しているが、晴れて独立し、昔からの夢だったイラストレーターになるのだという。

瞳をキラキラさせて話す茉莉に「よかったね。おめでとう」と言葉をかけて席に戻ると、さっきまで軽やかに降っていた雨が、重たいみぞれに変わっていた。

瞬は、途中だったメールの続きを書くために、急いでキーボードを叩いた。しかしなぜか、メールを締めくくる「よろしくお願いします」の一文が打てなかった。正確には、打っては消して、を繰り返していた。

瞬は鼻から大きく息を吸い、口から思い切り吐き出した。そして、パソコンの電源を落とし、会社を出た。

みぞれのせいで、視界は悪かった。そのせいだろうか、いつもなら駅まで5分で着くはずが、なぜか駅舎さえ見えてこない。おかしい。一度、道を確認しようと軒下に入った。骨が1本ペキッと折れた、だらしないビニール傘を閉じると、そこは小さな劇場だった。

「こんな劇場、あったっけ？」

そうふしぎに思っていると、扉が開いて、黒いチェスターコートをまとった男性が出てきた。

「寒いですから、どうぞ中へ」

少しためらったが、たしかに顔も指先も凍りそうに冷えていたので、言われるがままに入ってしまった。劇場の支配人を名乗るその男は、瞬を客席に座らせると、熱い紅茶を淹れてくれた。

▲やりたいことが、見つからない

瞬　今日、同期の子に呼び出されて、突然「会社を辞める」って言われたんです。

支配人　そうですか。

瞬　はい。新卒で入った会社で、6年間ずっと一緒にがんばってきた子だったんで、いきなりで驚きましたけど。彼女……茉莉《まり》っていうんですけど、茉莉はずっと、イラストレーターになりたいって夢があって。

支配人　イラストレーターというのは、雑誌などで絵を描いている方のことですか？

瞬　はい。本の挿絵とか、雑貨の絵を描いたりとかもありますけど。……うちの会社は、編集プロダクションっていって、出版社と協力しながら本を作る制作会社みたいな仕事をしている会社なんです。

支配人　そうですか。

瞬　小中学生向けの問題集とか、ドリルとかの学習教材をメインに作ってて、僕みたいな編集者を中心に、デザイナーも所属しています。茉莉はそのデザイナーなんですけど、絵があまりにうまいから、イラストレーターの代わりにドリルの挿絵を描いてもらったこともあるぐらいなんです。

支配人　なるほど。

瞬　茉莉に任せれば外注しなくていいから、地味に予算も削減できちゃって。それがきっかけで、出版社の人からイラストの仕事をもらうようになったらしくて、会社と並行してちょこちょこ描いていたみたいです。それで、会社を辞めてもやっていけるっていう見通しが立ったらしく。

支配人　好きなイラストの仕事に専念できると。

瞬　そう、ほんとえらいですよね。

支配人　6年間も一緒に働いていたなら、寂しくなりますね。

瞬　いえ、寂しいのもあるんですが、すごくうれしかったんです。一歩踏み出せて、よかったなって。

支配人　うれしかった。ふしぎですね。

瞬　え？

支配人　失礼。あなたの顔が、少し悲しそうに見えたものですから。

瞬　そんなことは……。僕、彼女のこと尊敬してるんです。毎日遅くまで働いてたのに、いつそんなことやってたんだろうって。

支配人 仕事は、そんなにお忙しい？

瞬 はい。小さい会社だし、なかなか下の子も入ってこないから、雑用とかなんだかんだやることがいっぱいあって。毎日ほぼ終電です。土日は溜めこんだマンガを読んだりすることもありますが、疲れているのでだいたいは寝ています。

支配人 毎日終電とは大変ですね。しかし、今日はまだ夜の7時前ですが？

瞬 ……今日は、ちょっと……。

支配人 ちょっと、どうされました？

瞬 いえ、あの、さっきまで仕事のメールを打ってたんですけど、急に打てなくなっちゃって。

支配人 打てなくなった。

瞬 はい。正確には、打てるには打てるんですが、意味がわからなくなって。

支配人 意味がわからない、というと？

瞬 メールって「いつもお世話になっております」とか「よろしくお願いします」とか定型文があるじゃないですか。あれを打ち込みながら、いったい何をお世話になったんだろう？　何をよろしくお願いするんだろう？　と思ってしまったんです。

支配人 どういうことですか？

瞬 なんていうか、急にバカバカしく思えてきて、集中できなくなってしまって。

支配人 どうしてあなたは、それをバカバカしいと感じたのでしょう？

瞬 「僕、いつまでこんなこと続けるんだろう……」って。

支配人 今、あなたがしている仕事のことですか？

瞬 ええ、まあ……。とくに夢も目標もなく、毎日漠然とすごしてるだけなので。

支配人 今の仕事は、「やりたいこと」だったわけではないのですか？

瞬 そうですね……。なんとなく、流れで就いた仕事なんです。だから、別に……。

支配人 別に？

瞬 ……別に、よくないですか？

支配人 どうされました？ 急に。そんな怖い顔をして。

瞬 みんな言うじゃないですか。「やりたいことを仕事にしろ」とか「この仕事をするのが夢だった」って常套句《じょうとうく》。でも、仕事って「やりたいこと」じゃないとダメなんですか？

支配人 ダメだなんて、誰も言っていません。ただあなたが、夢を持っている茉莉さんを、うらやましがっているように見えたものですから。

瞬 うらやましい……!? うらやましいに決まってるじゃないですか!! だって僕には、夢がないんです! どうして夢って持たなきゃいけないんですか!?

瞬は、初対面の人に向かって、どうしてこんなに言葉を荒らげているのか、自分でもよくわからなかった。しかし、それは長年憤ってきたこと。いわゆる「地雷」だった。

「夢を叶える」「夢を追う」「夢破れる」。

こういった言葉に、瞬は辟易《へきえき》していた。まるで、夢を持つことが生きるうえでの大前提かのような風潮を、うとましく思っていた。

支配人の肩越しに、非常口の緑の明かりが煌々と光っていた。

▲夢は、なくていい

支配人　「夢を、持たなければいけない」？

瞬　ええ、何か間違っていますか？

支配人　それは、あなたの思い込みではないですか？　夢は、「持たなければいけない」ものではありません。あろうがなかろうが、どちらでもいいではないですか。

瞬　どちらでもいい？　ああ、そんな適当なこと……。僕は真剣に悩んでるんです！夢はないよりあったほうが、しあわせになれるに決まってるじゃないですか！

支配人　どうしてそう思われるのです？

瞬　それは、僕が何の目的もなく生きていて、毎日がつまらないからですよ。これといってやりたいこともなくて、それなのに、ずっと焦燥感にかられてきたんです。

支配人　ほう、あなたの毎日がつまらないのは、夢がないせいだと？

瞬　はい。だって夢に向かっている茉莉は、とっても楽しそうでしたよ？　もちろん不安もたくさんあると思うけど、それでも、しあわせそうだった。

支配人　茉莉さんがしあわせそうなのは、夢を持っているからだと？

瞬　だってそうでしょう？　そういう歌詞の歌がたくさんあるじゃないですか。「夢があるからがんばれる」とか「夢を追いかけよう」とか。みんなキラキラ歌ってるじゃないですか？　わかってるんです！　僕がつまらない人間なのは、夢がないからなんです。でもそれが、見つからないんですよ！

支配人　別に見つからなくてもよいではありませんか。

瞬　よくないですよ！　だって、世の中って、「何者か」にならないと生き残っていけないじゃないですか！

支配人　何者かになるとは、どういうことですか？

瞬　それは「自分はこんな仕事をしている者です」と、自信を持って言える職業に就いていることですよ。

支配人　それはつまり「肩書き」のことですか？　そのために、夢が必要だと？

瞬　はあ……。仮にそうだったとしたら何だって言うんですか？　それって悪いことですか？　あっ……僕が不必要に焦ってるって言いたいんですね？　……ええ、焦ってますよ！　僕、もうそんなに若くないんです。時間がないんです。っていうか、さっきからあなた……やたら根掘り葉掘り聞きますけど、僕に説教でもしたいんですか!?

支配人　いいえ。ただ、あなたより少し長く生きてきた者としてお話ししているだけです。あなたは、何者にもならなくていい。

瞬　はあ？　何者にもならなくていい？

支配人　そうです。**「このままではいけない」「今の自分ではない何かにならねば」という焦り。それはただの幻です。**

瞬　幻？　いや、僕は現実に焦ってるんです。だってこんな寒い日に、こんな汗だくになってしゃべってるんですよ？　この汗が幻に見えますか？

支配人　どうしてあなたは、今のままではいけないと思うのでしょうか？　まず、そもそも「何もなくていい」というところから、考え始めてみることはできませんか？

瞬　あははは。ちょっと待ってください。そんなの、理想論にすぎないでしょ！「何もなくていい」って言われて、「はい、じゃあ僕、何もなくていいです」なんて思えます？　少なくとも今の僕には思えない。

支配人　急に思えなくてもかまいません。きちんと、段階を踏みましょう。

瞬　段階って……。僕はこれでも、理路整然と考えているつもりです。

支配人　それは失礼しました。あなたの心の中で、何本ものコードが絡まっているように見えたので。

瞬　はあ……？　コード？

支配人 たとえばあなたが久しぶりに音楽を聴こうと思って、棚の奥からほこりをかぶったステレオを出したとしましょう。しかし、しまい方が悪かったのか、コードがぐちゃぐちゃに絡まり合ってほどけない。そういうことはありませんか？

瞬 まあ、なくはないですけど……。

支配人 そういった場合、コードを雑にほどこうとすればよけいに絡まってしまいます。しかし、深呼吸をして1本1本ゆっくりとほぐしていけば、少し時間はかかっても必ずほどけていきます。一方、絡まりをほどくことをあきらめてしまったら、一生音楽を聴くことはできなくなる。

瞬 あの、よくわかんないんですけど……。結局、何が言いたいんですか？

支配人 あなたの思考のもつれも、コードと同じように一つひとつ丁寧にほどいていくことが大切だということです。

瞬 思考のもつれ？ 別に、僕の思考はもつれているわけじゃ……。

支配人 漠然と悩んでいるだけでは、ただいたずらに時間がすぎていくばかりです。ですから一度、丁寧に自分自身と向き合ってみるのです。さあ、深く息を吸って。深呼吸しましょう。

瞬の頭の中に「ありのままの自分でいい」というメッセージの、昔流行った歌が流れてきた。

あの歌を聞いたときも思ったが「今の自分のままでいい」と、心から思えるなら、それはどんなにかしあわせだろう。しかし実際にそう言われても、「何だよ、ありのままって」と冷めてしまうだけだ。

自分は、今のままでいいなんて思えない。だから、自分を肯定するためにも夢が欲しい。世の中で輝いている人はみな、夢を持っている。でも僕にはない。「将来のヴィジョンを持て」と言われてもまったくピンとこない。それが、瞬にとってコンプレックスになっていた。


ボー……。

空調音だろうか。機械から押し出されてくる乾いた風音が、静かな場内の頭上を通りすぎていった。

▲雑音が、多すぎる

支配人 ではまず、あなたがなぜ「夢を持たなければならない」と思ってしまったのか。その思い込みから、ひもといていきましょう。あなたはいつから、「夢が欲しい」と思っていたのですか？

瞬 それは……たぶん中学生くらいじゃないですか。まわりのみんなが進路の話をし始めるし、どうしたって夢について考えることになりますよね。

支配人 なるほど。では、中学生になる前は「夢があった」ということですか？

瞬 そうですね……まあ、夢と呼べるほどのものではないですけど。

支配人 では、あなたは子どものころ、何になりたかったのですか？

瞬 ……ウルトラマンです。バカみたいですよね。

支配人 いいえ、まったく。そんなことは思いませんよ。ではなぜ、ウルトラマンになりたいと思っていたのですか？

瞬 なぜでしょうね……。ウルトラマンがすごくカッコよく見えたからかな？ 人形も、つねに持ち歩くくらい好きでした。

支配人 ただただ、好きだったわけですね、ウルトラマンを。では、その「夢」は、いつ変わりましたか？

瞬 たしか……小学校に入ったらすぐに変わった覚えがあります。

支配人 すぐに。それは、どうしてですか？

瞬 だって、ウルトラマンなんて子どもっぽいじゃないですか。そんなことを友達に言ったら「ダサい」と思われそうだった。

支配人 なるほど。「ダサい」と思われそうだった。では、あなた自身の興味が薄れたというよりは、まわりの目を意識して、自分の興味を遠ざけた、ということになるのでしょうか？

瞬 まあ……そうかもしれません。でも、大人になってみて考えると、現実に、ウルトラマンなんていないわけじゃないですか。そんな職業、ないわけだし。

支配人 でも、そのころのあなたは、ただただウルトラマンになりたかったわけですよね。しかし、人の目を気にして、その夢を捨てた。

瞬 まあ、遅かれ早かれ、捨てていたでしょうね。

支配人 そのあとは？

瞬 そのあとは……、絵を描くのが好きだったので、絵を描く仕事もいいなと思っていました。でもまわりに、自分よりも絵がうまい友達がいましたし、ただの趣味だった絵を仕事にしてお金を稼ぐなんて、とんでもないと思いました。それで、その夢もなくなって。なんとなく大学に入ったんです。

瞬は、そのあとの人生を思い返していた。

大学の間に夢を見つけようと思っていたのに、結局ダラダラと毎日をすごし、そのまま就職活動を始めることになってしまったのだ。

どんな仕事に就きたいのかもわからず、大学のゼミの先生に紹介され、バイトで入った今の会社になんとなくそのまま就職した。

いまだに、これがほんとうにやりたかったことなのかはわからない。就職してからも、漠然と焦る気持ちは消えなかった。

一つため息をつき、瞬は紅茶の入ったカップを握りしめた。

ひどい質問

支配人 申し訳ありません。

瞬 はい？

支配人 わたしは先程、ひどい質問をしました。

瞬 え？　ひどい……？　どの質問のことですか？

支配人 それは「子どものころ、何になりたかったか」という質問です。

瞬 え、それって……そんなにひどいことですか？

支配人 はい。相当悪質です。

瞬 でも、よく聞かれる質問ですよね？　小学校のときに「あなたの夢は何ですか？」というテーマで作文を書いたりとか、あるじゃないですか。

支配人 ええ。子どものころ、おそらく何度も聞かれたと思います。でも「大人になったら、何になりたい？」と聞かれると、その回答は、どうしても固有名詞になりますよね。お花屋さん、サッカー選手、パイロット……。あなたの「ウルトラマン」もそうですね。

瞬　存在しない職業ですけどね。

支配人　そう。存在しないからという理由で、あなたは捨ててしまった。

瞬　そうかもしれないですけど。だとしたら何だって言うんですか？

支配人　子どもは、「何になりたい？」と聞かれると、とくに何になりたいとも思っていなくても、「何か答えないといけない」と感じてしまいます。

瞬　まあ、それはそうですよね。

支配人　それで、「電車の運転手さん」とか「お医者さん」とか、職業名で答えることになる。もちろんそれを聞いている大人の側に悪気はないのですが、この原体験によって、多くの人が「自分は何かにならねばならない」という強迫観念を植え付けられてしまっているように思います。

瞬　まあ「何になりたい？」って質問は「何かになる」っていう前提があっての質問ですからね。

支配人　そう。「何になりたい？　という質問に答えられなければならない」といった考え方が、知らず知らず多くの人を縛り付けているように見えます。ですからわたしは先程、「そもそも何者にもならなくていい」とお話ししたのです。

瞬　たしかに、僕は単純にそういった考え方に縛られているのかもしれません。夢なんて持たなくてもいいじゃない、って言われて、納得する人もいると思います。だったとしても、実際問題、僕にとって、夢がないってことは、すごく不安なことなんです。

支配人 不安？　どうして不安なのですか？

瞬 だって、何者かになるってことは、人から一人前だと認められるってことだと思うんです。女優、医者、消防士、保育士、パティシエ、サッカー選手……。みんな「お隣の娘さん、モデルになったらしいわよ」「山田さんのご主人、商社マンらしいわよ」みたいな話をするじゃないですか。夢を持って、その夢を叶えて、何者かになる。そうじゃないと、誰からも認められないでしょう？

支配人 人から認められることが、ほんとうに、あなたの「夢」なのですか？　**とにかく誰かに認められさえすれば、あなたは満たされるということですか？**

瞬 だから……！　それがそもそも僕にはわからないんです!!

支配人 ではもしあなたが「大人になったら何になりたい？」ではなく、こう聞かれていたらどうだったでしょう？　「大人になったら、どうありたい？」

瞬 どうありたい？

支配人 はい。「どうありたいのか」です。「何になりたいのか」ではなく。

瞬 どうありたいか……。

支配人 その質問だと、「優しい人でありたい」とか「落ち着いた人でありたい」とか、少し回答が変わってくるのがわかりますか？

瞬 あ……職業じゃない。

支配人 そうです。職業の名前ではない、もっと違った答えになります。「どうありたいか？」と聞かれていたら、あなたはどう答えていたでしょう？

瞬 それは……たぶん、強くなりたい……強い人でありたい、と言っていた気がします。たぶん、ウルトラマンの強いところに憧れていたから。

支配人 もしそれを「夢」と呼ぶなら、職業が何であれ、強い人であることは、可能ではないですか？

瞬 でも、それでも今の僕には、夢と呼べるものが見つからないんですよ。僕は、夢中になって何かを追いかけたい。「ほんとうにやりたいこと」を見つけたいんです！

支配人 雑音が、多いのです。

瞬 ざつ……何ですか？

支配人 雑音です。あなたのまわりには、雑音が多すぎるのです。

瞬　雑音？　何だかよくわからないことを……。今度は突然、何の話ですか!?

支配人　あなたの頭の中でざわついている混乱した思考のことです。誰かに「夢を持ちなさい」と言われたから、夢のようなものをひねり出す。人にバカにされそうだからやめる。無理そうだからあきらめる。**正直な自分の思いと向き合う前に、あなたの頭の中には、いろいろな音がやかましく鳴っている。**

瞬　いろいろな音……？

支配人　まずはその雑音を取り払わなければ、あなたが欲しい「ほんとうにやりたいこと」など見つかるわけがないのです。

突然、パッと目の前が明るくなった。

目の前のスクリーンに映し出されたのは、荒野だ。

黄土色の砂地が海のように広がっているだけで、時代も、場所も、わからない風景。

時間の経過すらはかれない静けさが、果てしなく続いていた。

いきなり瞳を刺してきた眩しさに、瞬は思わず目を細めた。しかし、あまりに広大なその様子に、まぶたをグッと押し上げ画面を見つめてしまった。

何もない場所に立ってみる

瞬　ちょっと……、いったいこれは何ですか？

支配人　これは、あなたが「雑音」を消すために必要な場所です。まずは、自分がここに立っていると想像してみてください。

瞬　雑音雑音ってさっきから！　僕の頭の中がそんなバカみたいに騒々しいって言いたいんですか？

支配人　まあそう青筋を立てないで。わたしが申し上げている雑音というのは、あなたの声をさえぎる、うるさい音のことです。

瞬　だから、僕は理路整然と……。

支配人　いいですか。あなたの頭の中は、絡まったコードのように混乱している。だから、「夢を持たなければ」「何者かにならなければ」「自分らしくなければ」「毎日を有意義にすごさなければ」という、ヤジのようなうるさい雑音が聞こえてくるのです。

瞬　でも、そういうのってどうしても聞こえてくるじゃないですか?

支配人　ええ。だからこそ、このお話をしています。あなたは自分自身に言い続けている。**「ねば」「べき」という言葉は、まさに「雑音」です。**それを、あなたは自分自身に言い続けている。そんな状態で、自分の声、ましてや「自分のやりたいこと」など感じ取れるわけがありません。まずはその音を取り払わなければ、何も始まらないのです。ですから、それらが「雑音である」とまず認識すること。そのうえで、この、何もない場所に立ってみてください。

瞬　はあ……。じゃあ、ここにいるって、想像すればいいんですよね?

支配人　はい、まずは、やってみましょう。あなたは、この荒野に立っています。必要なものは全部与えられると考えてください。何も心配しないで、ただ、立つのです。

何もしなくていい。
会社にも行かなくていい。
食べることも考えなくていい。
もちろん夢もなくていい。
何の焦りもコンプレックスもない。
人からバカにされるようなこともない。
これから一生仕事をしなくていい。
お金も全部与えましょう。

支配人　どうですか？

瞬　何もない荒野……なんとなく、立つイメージはできました。でも……。

支配人　でも？

瞬　ここから、どこに行っていいか、わからない……。

支配人　どこに行っていいか。それは、「どこかに行かなければならない」と思っているから聞こえてきた声ですね。

瞬　行かなければならない……？

支配人　その声は、雑音の一種です。どこかに行かなければ、何かをしなければと思う必要はありません。

瞬　え？　どこにも行かなくていいってことですか？　何もしなくてもいい？

支配人　そこには、いいも悪いもないのです。とにかくあらゆる縛りを一回ナシにしましょう。この荒野には、いっさいの「こうしなければならない」というルールはないのです。そのうえで「自分はどうしたいと思うのか」を感じ取るのです。もしもあなたが心からそこにいたいと思うなら、そこにいればいい。誰にも、何も、言われません。

瞬　ここにいても、いい？　そんなことしてたら、まわりから取り残されちゃうじゃないですか？

支配人　あなたがそう感じるのは、「恐れ」によるものです。

瞬　は？

支配人　あなたがさっき荒野に立ったときに聞こえてきた「どっちの方向に行くのが正解なんだろう？」「行ってみて、何か起こったらどうしよう？」といった雑音。それは、「誰かに何かを言われたらどうしよう」「間違っていたらどうしよう」という恐れから生まれてくるものなのではないでしょうか。

瞬　別に僕は、何も恐れてなんか……。

支配人　少なくとも、その荒野の中では、正解など一つもないと考えてください。何を考えようと、何をしようと、もしくは何もしなくとも、怒られもしなければ、笑われもしません。いっさいの干渉を受けないのです。ですから**まずは、荒野の真ん中に一人で立つこと。そこで聴き逃してはならないのは、あなたが意図せず「思ってしまった」ことです。**

瞬　思ってしまった？　それって……ただ「思った」こととは何か違うんです？

支配人　頭を使って合理的にひねり出した答えではなく、「こんなことしたいと思ってしまった」と感覚的に思ったこと。感じたことです。それはわたしが〈子どもの心〉と呼んでいるものです。

瞬　〈子どもの心〉……ですか？

支配人　はい。これは、ひとことでは言い表せないのですが、気分や感情といった、人間の行動のおおもととなる、そもそもの「核」のようなものです。

瞬　気分って、そんなふわっとしたこと言われても……。

支配人　そう、この〈子どもの心〉の声というものがまた、あいまいでわかりづらい。そのためさまざまな「雑音」に負けて、かき消されてしまいがちなものです。ですから、その雑音を遮断してください。地平線を望む広大な荒野に一人で立ったときに、あなたの心の声が、何を言い出すか。そこに、静かに耳を傾けるイメージです。

瞬　そんな、何だか大げさな……。

支配人　おそらくそれが、あなたがずっと向き合わずに避けてきたことなのです。だからあなたの思考にはいつまでも混乱が生じたままになっている。ですから、ひたすら耳を澄ませて、心の声を聞き取り、実行に移す。そしてまた耳を傾ける……。それを繰り返し続ける実際の行動こそが必要です。

瞬　えっと……「実際の行動」が必要なのは、どうしてなんですか……？

支配人　そうですね。では、ある日あなたがふと、「今日はカレーが食べたい」と思ってしまったとしましょう。

瞬　カレー？　「思った」のではなく、さっきの「思ってしまった」ってやつですね。

支配人　はい。その瞬間に、あなたは実際にカレーを食べに行ってみなければならない。

瞬　え？　なんでですか？

支配人　そうしないと、「あなたのカレーを食べたいという思いが、どれほどの強度だったか」の検証ができないからです。

瞬　なんか、ただカレー食べるだけの話なのにこむずかしいな……。検証するって、たとえばどういうことですか？

支配人　実行に移さずに、ただ想定しているだけのうちは、何もわからないということです。この話で言えば、実際にカレーを食べてみて初めて、「自分のカレーを食べたいという思いが、本物だったのか、あるいはそんなに欲しているものではなかったのか」がわかるということです。**「そう思っただけ」と「そう思って動いて確かめてみた」の間には、その理解度に、何倍もの開きがあるのです。**

瞬　まあ、そりゃあそうでしょうけど……。

支配人　そういった日々の実行と検証の積み重ねがあって初めて、「自分がほんとうは何を好きと思っているのか」「自分がほんとうに欲しているのは何か」を探る感度が高まっていくということです。これはもちろんカレーだけの話ではありません。

瞬 え……？

支配人 たとえば、あなたが「海を見たい」と思ってしまったら、実際に海を見に行かなければならない、ということです。

瞬 海を見たいと思っただけなのに？

支配人 はい。やってみないと、「海に行く」ということがほんとうに自分にとってやりたいことかどうかわからないからです。そうやって、カレーや海に限らず、日々の生活の中で「やってみたいと思ってしまったこと」はすべて、行動して確かめてみる必要があります。そうすることによって、あなたの「好き」「嫌い」という感度が高まっていくのです。

瞬 でも僕、したいと思ったことはできるだけやってると思うんだけど……。

支配人 しかし実際には、「カレー屋さんが近くにないからそばでいいや」とか、「海は遠くて大変だから来年行こう」と考えてしまっていませんか？　代替案でごまかしてはいけないのです。

瞬 うーん……、結局、そもそもその「したいと思っちゃったこと」をあぶり出すために、まずは自分の心の声に耳を傾けろってことですか？

支配人　そういうことになりますね。

瞬　その心の声って……、待っていれば、聞こえてくるものなんですか……？

支配人　わかりません。聞こえてくるかもしれないし、こないかもしれない。

瞬　そんな無責任な……。

支配人　ただ、耳を澄ませて待たなければ、絶対に聞こえてこないことだけは確実です。

瞬　とにかく待ってみるしか方法がないということですね……。

支配人　そう。ですから、ひたすら自分の思いが訪れてくるのを待つ。そして訪れた思いをつかまえる。ただそうすることしかできないのです。

瞬　思いが、訪れてくる？　つかまえる？　何だかまるで、すぐに逃げてしまう珍しい鳥みたいだな……。

支配人　ええ、珍しいどころか幻と呼んでもいいくらいです。紙が擦《こす》れるほどかすかな物音でも、すぐ逃げてしまう鳥。だから、あらゆる音の聞こえない、何もない場所に立つことが大切なのです。

瞬　そんなの、僕につかまえられるのかな……。

支配人　正解は一つも存在しません。ですから、誰にとがめられることもないのでご安

心ください。さあ、わたしはこれで席を外します。何時間でもいてくださって
かまいません。

支配人が去り、瞬は一人、スクリーンと対峙した。

目の前に広がる荒野を見て「サンドベージュって、ほんとうに砂の色なんだ」、そんなどうでもいいことが頭に浮かんだ。


さて、ここからどうするか。

違う、ここから自分はどうしたいと思っているのか。

このごろ毎日仕事ばかりで疲れていた瞬は、何もせずにしばらくぼんやりしていよう、と素直に思った。

思いをつかまえる。

どういう感覚なんだろう。

自分にわかるんだろうか……いや、そんなこと考えちゃいけない。

待つんだ。自分の声を聴くんだ。

僕は、これからどうしたい？　何もしたくない？　何かをしたいとしたら、何をしたい？　わからない。でも、したいことがみつかっても、それで食べていけなくなったらどうしよう……。

そんなことを思ううちに、ふと、茉莉のことを思い出した。

うらやましい。僕も何か夢に向かってがんばってみたい。でも僕は茉莉みたいに突出した能力なんて持っていない。だからこうして、毎日毎日同じようなことを繰り返している。毎日同じ、硬いキーボードをカチカチと叩き続けている。何の目的もなく。

キーボード……。

ああ……あのメール返さなくちゃ。そういえば明日の会議資料、まだ作ってなかった。早くやらなきゃ怒られる……今から会社に戻ればできるかな。あれ、そもそも今何時だっけ？　終電、間に合わない……⁉

瞬は、思い切り立ち上がった。ドリンクホルダーに預けた紅茶が、こぼれそうに波打っていた。

ホームレス

支配人 もう、終わられたのですか？

瞬 僕、終電が……。

支配人 大丈夫、終電までまだ3時間はありますよ。

瞬 あ、まだ1時間しか経ってないんだ。ああ、すっかり長居してしまったと思って……。

支配人 それで、何か声はしましたか？

瞬 聴こうとしたんです。だけど、いろんな声がして……。どうしたって聞こえてくるんです。

支配人 たとえば、どんな声ですか？

瞬 もし、僕に「どうしてもやりたいこと」が見つかったとして……「それじゃあ食っていけないかも」と考えてしまうんです。

支配人　食っていけない。いいでしょう。では、その「食っていけない」という不安についていて、きちんと向き合って考えてみましょう。

瞬　絡まったコードをほどくみたいに？

支配人　そうですね。1本1本。では、あなたがほんとうにやりたいことだけをやった結果、お金を稼げなくなってしまったとします。食べるものもなくなり、家もなくし、ホームレスになりました。

瞬　……え？　ホームレス？

支配人　そうです。ホームレスになったとして、あなたは、どう感じますか？

突然の質問に、瞬はたじろいだ。

ホームレス。使い古したモップのようにボサボサの髪、服なのかゴミなのかもわからないほどボロボロの布をまとい、紙袋を引きずって目的もなく歩いている男の姿が目に浮かんだ。

町で見かけると、目からも異臭を吸い込んでしまいそうで、思わず顔をそむけてしまう。なるべく近くに寄りたくない。だけどなんだか、「嫌だ」と口にするのは憚《はばか》られる。
そんな存在に、自分がなる。そう仮定する。
この感情を、どう論理立てて伝えればいいんだろう。

▲生きるために食べるとは、どういうことか

瞬　えっと……。何て言っていいか……。

支配人　今、頭で考えていますか？　それとも感じようとしていますか？

瞬　……感じる？

支配人　ええ。頭で考えるのではなく、心で感じてみて、どうですか？

瞬　その違いがよくわかりませんが、もしかしたら頭で考えているのかもしれません……。でも、感じようともしています。

支配人　では、もう少し感覚的な視点でお聞きします。あなたがホームレスになったとして、それが好きですか？　嫌いですか？

瞬　嫌い……です。

支配人　なぜですか？

瞬　なぜって？　なぜ嫌か、ですか？

支配人　はい。なぜ嫌いなのですか？

瞬　えーと……。

支配人　率直に。すぐに言ってしまいましょう。別にいいではないですか。人が何をどう思うかについて、正解なんてないのですから。

瞬　うーん、まず、ごはんが食べられないし、寒いのは嫌ですね……。

支配人　ほかにはありますか？

瞬　あと、ふとんで寝たいです。雨風もしのぎたい。

支配人　それだけですか？

瞬　まあ……、そうですね。

支配人　衣食住の最低限ですね。でも、もっとよくイメージして、あなたの感じ取ったままのことを教えてください。ほんとうに、それだけだと言い切れますか？

瞬　あ、いや……。

支配人　正直に。続けて。

瞬　やっぱり……人の目が気になるかもしれません。

支配人　人の目。

瞬　はい、「あの人気持ち悪いよね」「あいつホームレスになったらしいよ」とか言われたくない。

支配人　なるほど。それが、あなたの正直な思いですか？

瞬　はい……。

支配人　あなたは最初に、ホームレスが嫌なのは、ごはんが食べられないからだ、と言いました。しかし、ほんとうは、人の目を気にしていた。いいですか。**まず、問題の時点で、あなたはすでに混乱しているのです。**

瞬　どこがどう、混乱してるっていうんです……？

支配人　まず、あなたの「食っていけない」という雑音の発生源は、大きく二つの恐怖に分けられます。まず一つは「お金がなくなったら、生きるための食事をとれなくなる」。つまり、物理的に死ぬことへの恐怖。もう一つは、「お金がなくなったら、人からバカにされる」という恐怖。こちらは、人の目を気にするがゆえの恐怖です。

瞬　あ……。

支配人　「死」への恐怖は、「人からバカにされる」という恐怖とは別なものですから、まず考えるべき問いは、「食べていけなくなるというのは、具体的にどうなることか？」となるでしょう。あなたは、「人間が生きていくために必要な食事の量」について、考えてみたことはありますか？

瞬　それは、体を動かすためのエネルギーを食事からとるとか、そういうことですよね？

支配人　はい。ではもっと具体的に、**あなたが一日生きるためには、何キロカロリー必要なのですか？**

瞬　えっと……2000とか……？　うーん……。

支配人　栄養学的にいえば、あなたの年齢くらいの男性なら、1600キロカロリー前後でいいでしょう。運動量にもよりますが。

瞬　そ、そんなこと別に知らなくたって……。

支配人　しかしあなたは「食っていけない」ことで悩んでいるのです。その絡まったコードをほどくには、具体的にどうなることが「食っていけない」ことなのかと向き合わなければならない。

瞬　そこまで厳密にしなくても……。

支配人　きっと、あなただけではなく、多くの方が明確には答えられない。もしその数値を知っていたとしても、ほんとうに1600キロカロリーなければ生きていけないのか、自分の体を使って検証まではしていないと思います。

瞬　検証……って、さっきもおっしゃっていましたが、ここでの意味は、どういうことなんですか？

支配人　わたしは以前、実際に「食っていける」というのはどういうことなのかを考え、試してみました。海外を車で旅して、5日間で口にしたのは、バナナ一房と、水が2ガロン……7・5リットルほどですね。もちろん、個人差はあると思いますが、わたしの場合は、それだけで数日生きていけるということがわかりました。住むところも、テントや車の中で充分でした。ある程度清潔でいられさえすれば、衣服も何だってかまわないと感じるようになりました。一度だけ川で洗濯をしたのですが、川なのでお金はかかりませんでしたね。

瞬　え、ほんとうに「検証」したんだ……。

支配人　はい。**問いというのは、肉体に落とし込むことが大事です。**先程申し上げたとおり、想定だけで物事を考えていても、その人は一歩も前に進んだことにはなりません。行動して実際に体感してみなくては。

瞬　それはそうかもしれないけど、バナナと水ですごすって……。

支配人　極端でしょうか？　ただ、わたしはそのころ、毎日あなたと同じ雑音と戦っていました。「やりたいと思ったことだけをやっていきたい。でもそれだと生きていけない」という不安を、悶々と抱え続けていたのです。しかし、そんな恐怖にとらわれているだけでは、右往左往して時間が無駄にすぎていくだけ。ですからわたしは「生きていくためには最低限何が必要なのか？」という問いを立てました。そして、その問いにはっきり結論を出すことにしました。

瞬　バナナ一房と水があれば生きられる、ということですか？　定住する家がなくても、雨露をしのげる場所があればそれでいいと。

支配人　はい。それがわたしの衣食住の最低限だとわかりました。これがわかれば、あなたの恐怖である「人からバカにされたくない」に、やっと向き合うことができるようになります。まず「死の恐怖」から。そして、「人の目の恐怖」という雑音から解放されて初めて、「自分がほんとうに欲しているものは何なのか」と、自分と向き合う準備が完了するわけです。

瞬　段階を踏むって、そういうことなのか……。

支配人　たしか誰かが「食えるようになってから夢を持て」と言いました。逆のことを言うと「食えないと夢すら持てない」ということです。

瞬は、それまで考えたことのなかった問いに、絶句していた。

たしかに、「食っていけない」とすぐ口にする割に、「食っていける」というのは具体的にどういうことなのか、検証したことはなかった。

急に自分の言葉が軽く、浅はかに思え、瞬はうつむいた。

もちろん、おいしいものをお腹いっぱい食べたいし、好きな服も着たい。

それなりにいい家にも住みたい。欲望は尽きることがない。

だけど、命をつなぐ最低限の生活って、いったい何なんだろう?

ほんとうにやりたいことを犠牲にしてまで、衣食住が豊かになることに何の意味があるんだろう?

でも、そもそも、その「ほんとうにやりたいこと」って何なんだろう。こんなに話したのに、まだ何も解決していない。

瞬が紅茶を飲みきろうとすると、それはもう香りもわからないくらい、すっかり冷めきっていた。

死ぬ直前まで

瞬　でも、あまりに極端じゃありませんか？　生きるために何キロカロリー必要かまで検証しなきゃいけないなんて、過酷すぎる気が……。

支配人　そうでしょうか？　むしろ、心の中に借金を抱えた状態のほうが、わたしにとってはつらいことに思えますが。

瞬　借金？

支配人　あなたのように、心の中に言語化できないモヤモヤした気持ちがあるとします。でもそれを何もせず放っておくと、どんどんふくらんでいく一方です。それはまるで、金利がどんどん増えていく借金と同じ。そして、その借金は、いつかは払わないといけないものなのです。

瞬　払わなければいけない？　別に、それって「たとえ」であって、実際のお金じゃないですよね。なのにどうして「払わなきゃいけない」なんて言えるんですか？

支配人 払わなければ、その借金は、あらゆる美しさを奪っていく。限りあるあなたの人生の、尊い美しさを奪っていくのです。

瞬 美しさって？

支配人 想像してみてください。あなたがとても愛する人と一緒にいるとします。その人と、心から楽しく、ゆっくり話をしている。目と目を合わせて、心を通い合わせることができている。そんな素晴らしい時間なのに、「借金があって、明日、取り立てが来てしまう」という不安がよぎるだけで、その美しい瞬間は奪われてしまう。

瞬 ああ……。

支配人 たとえば、すごくきれいな花火を見に行ったとする。とてもおいしい料理を食べていたとする。もちろん「わあきれい」「おいしい」というしあわせは感じるでしょう。しかし、その瞬間「取り立てが来てしまう」という恐怖が頭に浮かぶ。

瞬 そんな、取り立てって……。

支配人 そう。ですから、**心のモヤモヤを晴らすには、思い切って、その借金を返すし**

かない。お金は充分にあるのです。さっきの絡まったコードと同じで、放っておけば絡まったまま、美しい音楽も聴けないままで、一生が終わってしまいます。だからもし、あなたが人生の美しさを味わいたいなら、一度立ち止まって、自分の声にきちんと向き合ってみる必要があります。そのために、荒野に立ってみるというお話をしたのです。

瞬　……わかりました。

支配人　わかっていただけましたか。

瞬　はい。たしかに、あなたが言うように、ただやみくもに悩むのは不毛ですよね。世の中の雑音を消して、自分の体を使って、しっかり向き合わないといけない。あなたの話を聞いて、いつかはちゃんとやらなきゃって、どこかで思ってた気がしました。

支配人　そうですか。それならよか……。

瞬　でも、とりあえず今日は帰って資料を作らないと。じつは明日大事な会議があって、資料を作るよう頼まれていて。

支配人　今日は、できない？

瞬　ええ、さっきは茉莉に「辞める」って言われて、何も手につかなくなったから、思わず会社を出ちゃったんですけど。今のお話で、夢を見つける方法はなんとなくわかったので、今度ゆっくり時間がとれるときに考えてみます。

支配人 今度ゆっくり。それは、いつですか？

瞬 えっと……なるべく近いうちに……。

支配人 なるべく近いうち。

瞬 いや、あの、遅いって言うんでしょ。「すぐやれ！」って。わかってます。だからゆっくり時間をとって、ちゃんと考えたいと思ってるんです。でもとりあえず、明日の会議資料が間に合わなかったら、上司に怒られ……。

支配人 そうですか。あなたはまだ、同じ恐怖の中にいたいという理解でよろしいですね。

瞬 え……いや、だから今度……。

支配人 その恐怖の正体を見ようとせず、あなたは5年後も、10年後も「自分は何がやりたいんだろう」と言い続けていたい。「何かをしたかった」と後悔していたい。そういう解釈で、よろしいですね。

瞬 そんな……後悔し続けたいわけないじゃないですか！

支配人 おかしいですね。今のあなたは、あなたの人生においてもっとも大事な問題から目をそむけ続けているように見えます。何だか矛盾してはいないでしょうか？

瞬　いや、僕だってわかってますよ。だから腰を落ち着けて考える時間をとろうって……。

支配人　多くの人はあなたのように、すぐに行動に移しません。もし「ニューヨークに住みたい」という衝動が湧いてきたら、今すぐ、この瞬間にでも飛行機を予約して、ニューヨークに行ってみればいい。それなのに「まずは英語の勉強をするために学校に通う」といったステップを踏まなければいけない、という刷り込みがなされている。

瞬　いや、だけどそりゃあ自分に経験のないことをやるんだったら、まずはある程度勉強してからじゃないと、なんにもできないと思いますけど。

支配人　よくよく考えてみれば、その考え方には、合理的な根拠はいっさいありません。

瞬　な……！

支配人　それは、行動をしない言い訳にはなっても、自分を前進させるものではありません。ニューヨークに住みたいなら、とりあえずニューヨークに行ってしまえばいい。それでわからないことが出てきたら、調べたり、わかる人を見つけ出して聞いてみたりすればいい。そもそも憧れだけで実際に行ってみないことには、ほんとうにニューヨークに住みたいのかどうか自体がわからないではありませんか？

瞬　そんなむちゃくちゃな……。行き当たりばったりにもほどがある！

支配人　しかし、**せっかく心の声が聞こえてきて、それをつかむことができたのに、「あれができてから行動しよう」「まだこれができてないから」を繰り返していると、人生はあっという間に終わってしまいます。それでいいのですか？**

瞬　またそんな大げさなこと言って……。「人生」みたいな大きな単語出せば僕がビビるとでも思ってるんですか？　そもそもなんであんたなんかに指図されなきゃいけないんだ！　こんなおんぼろ劇場の支配人なんかに、何がわかるっていうんだ!!

支配人　たしかにここはおんぼろです。あなたの言うとおり、わたしには何もわかっていないのかもしれない。しかし、唯一わかっていることがあります。それは、あなたの漠然とした焦りは、逃げれば逃げるほど大きくなっていくということです。

瞬　は？　僕は別に逃げるなんて言ってないじゃないですか!?

支配人　何を選ぶのかはあなたの自由です。そもそも何もなくていい。何もしなくていいのですから。

瞬　だから僕は、何もしたくないわけじゃない！　やりたいことを見つけたいって言ってるじゃないか！

支配人　それならどうして、向き合うことを避け続けているのですか？

瞬　避けてなんか……。

支配人　めんどうだから？　何かを恐れているから？　あなたは何から逃げているのですか？

瞬　うるさい！

支配人　さあ、自分が息を引き取るところを想像してみてください。どんどん目がかすんできて、意識が遠のいていくのです。どうですか？　あなたはそんな死の直前まで「何がやりたかったんだろう？」とつぶやいていたいのですか？

瞬　うるさい!!

支配人　その瞬間は、今すぐにでも訪れるかもしれないのです。

瞬　うるさい！！！

——**そのときだった。**

突然、乾いた冷たい風がビュウ、と吹いた。

砂ぼこりが目に飛び込んでくる。

瞬は思わず腕で目をかばい、強くまぶたを閉じた。


なぜだ?

なぜ室内にいるはずなのに、ズボンの裾《すそ》がこんなにはためいているんだ?

さっきまで劇場の椅子に座っていたはずなのに、なぜか僕は……立っている?


足の裏が、金属のような硬い感触をとらえた。

ごくり、とつばを飲み込む。

ごうごうとうなる風の中、腕をどけると——。

「何だこれ……」

瞬は、東京タワーのてっぺんのような、塔の上に立っていた。

ビュウ、と風が吹く。

体が持って行かれる。足元を見ると、腰が抜けそうだ。

落ちそう……。

踏ん張る。

風が吹く。

グラッ……。

あっ……。

足を踏み外し、まっさかさまに落ちていく。

怖い。

嫌だ。

何もしないまま死にたくない。死にたくない。このまま僕は死ぬのか？　僕はこの人生でいったい何がしたかったんだろう。ああ、こんなことなら、なんでもいいから手当たりしだい好きなことすればよかった。やりたくないことに随分時間を使ってしまった気がする。僕の人生は何だったんだろう……。

気づくと、瞬は地面に転がっていた。

あれ……？　おかしい。生きてる。どこも痛くない。

ゆっくりと立ち上がってまわりを見渡すと、さっきまでいたはずの塔も、劇場も、何もない。

いつもの、会社近くの駅に続く、道の途中だった。

瞬は、そのあとどうやって家に帰ったのか覚えていなかった。

いずれにしても、今はとにかく、明日の資料を作らなければいけない。ふしぎな気分だったが、シャワーを浴びてすぐカップラーメンにお湯を注ぎ、首にかけたタオルで頭を拭きながらパソコンに向かった。

ふと時計を見ると、もう午前2時。今日早く帰ったぶん、明日は早く行かなければ。取引先からのメールも返信しなければ。そんな多くの「すべきこと」が脳内を占めていた。

しかし、さっき自分は死んでいたかもしれなかった。今この会議資料を作ることは、自分がほんとうにやりたいことなのか？　または、やりたいことのために必要な作業なのか？

どこかから「そんなことしてる場合じゃないだろ」という声が聞こえた気がした。その声をかき消すかのように、瞬はキーボードをパチパチと叩き続けた。

＊

翌朝、瞬は、いつもより1時間ほど早い電車に乗った。外気は2℃。ニュースでは、この冬一番の冷え込みだという。手の甲で鼻の頭を触ると、氷のように冷たかった。

かじかんだ手をこすり合わせながら、ほかの乗客を見まわした。通勤客で混みあった車内は、満員電車特有のうんざりとした空気でいっぱいだ。

その中に、小学生だろうか、紺色の制服に帽子をかぶった女の子が一人、まぎれ込んでいた。

二つに結んだ髪の毛は長くつややかで、ピンク色の手袋をして、窓の外をじっと眺めている。そうか、この時間は小学生が通学する時間なんだ。

あの子から見たら、まわりの大人はとても大きく見えるだろうな。あんなに小さいのに、なんだかえらいな。


あの子は、どういう大人になりたいんだろう。僕は、あの子くらいのころ、どんな大人になりたかった？

強い大人。優しい大人。そして何より、毎日を楽しんでいる大人。

僕の毎日って、何だろう？


毎日。


今日だって、毎日の一つだ。

今日、僕は楽しめるのか？

今日という日を、僕は楽しいと思ってすごせるのだろうか……？

もし明日世界が終わるとしたら……。

「終点です――」

ハッと気がつくと、あれほどたくさんいた乗客が、誰もいなくなっていた。

扉が開き、瞬は、灰色のホームにふわりと降り立った。

左側を見ると、遠くのほうまで、線路が続いているのが見えた――。

僕、会社をズル休みしたんです

1年後――。

正午をすぎて、天気が変わった。不安定な粉雪が舞っていた午前中とは打って変わって、たっぷりと水分を含んだみぞれが降っている。自分の重みに耐えきれなくなった粒たちは、瞬の傘をこぞって強く叩いた。

あの劇場を初めて訪れた日から、1年の月日が流れていた。

「やっと来られた……」

傘を閉じた瞬は、その建物を見上げた。

会社を辞めてから、何度もここを訪れようとした。挫折しそうになったからだ。

自分の中から雑音を消して「何をしたいと思ってしまったか」を見つける作業は、

想像をはるかに超えて苦しかった。ゴールが見えない暗闇を泳ぎ続ける途方もないむなしさを、誰かに聞いてもらいたかった。

しかし、記憶にあった場所まで来ても、あの劇場はどこにも存在しなかった。たしかにこの路地を曲がったところにあったはずなのに。誰に聞いても「そんなものはないよ」と言われるだけだった。

でも、その理由はなんとなくわかっていた。

だから、「今日」この場所にやってきたのだ。

瞬　ご無沙汰しています。僕のこと、覚えてますか？

支配人　これはこれは。お久しぶりです。もちろん覚えていますよ。

瞬　僕、どうしてもあなたに謝りたくて。

支配人　謝りたい？　はて、わたしはあなたに何かされたのでしたっけ？

瞬　はい。あのとき失礼なことを言ってしまって。

支配人　失礼なこと……。ああ、そういえば「おんぼろ劇場」だとか言われたような……。

瞬　ほんとうにすみませんでした……。でもそのかわりと言っては何ですが、僕はこの1年、とても苦しい時間をすごしました。

支配人　ほう、苦しい1年を？

瞬　なんといっても、荒野ですからね。

支配人　立ってみましたか。

瞬　はい。あなたに言われて、考えたんです。これまでの人生でもっとも深く、自分のことを。あの日の、あなたの言葉が思った以上に深く突き刺さってしまって。

支配人　そうでしたか。

瞬　あの翌日、僕、会社をズル休みしたんです。

支配人　ズル休み？

瞬　はい。正確に言うと、朝、電車に乗ったまま、会社のある駅で降りずに、終点まで行ってしまったんです。

支配人　たしかあなたは、翌日に大事な会議があるとおっしゃっていたような。

瞬　はい。そうなんですけど……気づいたら終点にいたんです。会社には「熱が出たから休みます」って連絡しました。罪悪感はあったけれど、このまま会社に行くのはなんか違う、と感じてしまって。

支配人 なるほど。違和感を放置せずに、実行に移してみたということですね。

瞬 今になってみれば、そうだったんだと思います。そのときは、ただ衝動的にそうするしかなかった、という感覚なのですが。それで、そのまま、駅の改札を出てみました。終点の駅って、名前はよく見るけど、どんな場所か全然知らないじゃないですか。

支配人 そうですね。

瞬 だから、ちょっとワクワクしながら、外に出てみたんです。

支配人 初めての街に。

瞬 はい。もう、都心から1本でつながっていると思えないくらい田舎で、ひとことで言うなら、さびれていました。だけど、そんな風景とは反対に、僕の気持ちはとても高揚していました。

支配人 それは、なぜですか？

瞬 今までいた場所は「違う」ってことが、はっきりわかったからです。

支配人 違う？

瞬 はい。**毎日当たり前に通っていた会社。毎日繰り返していた仕事。そこに対して、ずっと違和感があったんです。それってじつはすごくシンプルで、ただ**

「ここじゃない」ということだった。

支配人　ここじゃない。

瞬　はい。「どこかに行かなければいけない」という雑音をオフにして、ともかく聞こえてくる声に耳を澄ませるようにしました。

支配人　そうしたら「ここじゃない」という声が聞こえてきた。

瞬　そうです。このあと、自分が何をやりたいか。それは明確にはわからない。だけど、「ここじゃない」ってことだけはわかる。これが、もしかしたら「すぐに逃げてしまう幻の鳥」なんじゃないかって。

支配人　簡単につかまえられない、自分の声。

瞬　はい。それは決して「こっちに行きたい」っていう能動的なものではなく、「ここじゃない」っていう控えめなものでしたが……。その声を無視してしまったら、もう僕は、ほんとうの思いを二度とつかまえられないんじゃないかって思いました。

支配人　ええ。「ここではない」という思いも、聞き取らなければいけない大切な声の一つですね。

瞬　はい。だからまずはその思いを、実行に移さなくては、と思ったんです。

▶「生きるための最低限」に向き合う

瞬　その日は、久しぶりに心の底から楽しい一日でした。駅から少し歩くと田んぼや畑があったり、広い公園でお母さんが小さい子を遊ばせていたり。町の図書館で、定年退職したおじさんたちに交じって、新聞を読んでみたり。

もちろん「会社に行ったら、あれもやらなくちゃ」っていう思いはよぎるんです。だけど、目の前に、どこに行ったら何があるかわからない景色が広がっている。その自由さが心地よくて。帰りに、小さな八百屋さんで1玉150円の白菜を買って帰りました。こんな大きいの。

支配人　それは、お買い得でしたね。

瞬　ちょっと持って帰るのは恥ずかしかったですけど。でも、それで、考えたんです。これで、3日は食べていけるぞ、って。それで、あなたがおっしゃっていた「生きるための最低限」について、向き合って考えてみました。

支配人 最低限に向き合ってみた。それで、何がわかりましたか？

瞬 まず「食」についてですが、あの日、白菜と、あとインスタントラーメンを買って、それでどこまでいけるか試してみました。まあ多少飽きはしますが、一日2食、ラーメンと白菜で、3日、全然いけました。

支配人 実際に試してみられたのですね。それはすごい。

瞬 はい。ラーメンは好きなので、たぶん安くてエネルギーをとると考えると、これが一番いいのかなと思って。

支配人 なるほど。

瞬 インスタントラーメンやパスタなら、安くてお腹もいっぱいになりますし、水も水道水で充分でした。まあ現実的に考えて1か月毎日ラーメンはしんどいので、ほかの野菜やタンパク質をとると考えても、月3万円あればなんとかやっていけるということがわかったんです。

支配人 自分で体験して、最低限がわかったのですね。

瞬 それから「住」については、今住んでいるのは家賃7万のワンルームですが、もっと狭くてもかまわない。そして、場所も、会社に近い必要がなくなるので、もっと郊外でも問題ないとわかりました。すると、ワンルームにトイレ風呂付で4万5000円の物件がありました。

支配人 なるほど。

瞬 すごいでしょう？　最後に「衣」ですが、僕はもともとそれほど服にお金を使わないので、今あるもので着回せば0円です。下着や防寒具などを買い替えることを考えても、月に1000円も必要ない。

支配人 それが、あなたの「最低限」だった。

瞬 そうです。光熱費を入れても、毎月10万円。それだけあれば、今の貯金で食べていくとして、1年は何もしなくていい。そこまできたら、ある考えに至ったのです。

支配人 その、「ある考え」といいますと？

瞬 もし1年後に貯金が尽きたとしても、そのあとは、月にアルバイトを10日やれば、生きていくための最低限は稼げる。つまりアルバイトをしていない残りの20日は、好きに暮らしても生きていけるということです。

支配人 それは素晴らしい発見ですね。

瞬 ええ、そう思ったら、「食っていけない」という漠然とした不安は、随分やわらぎました。そして「アルバイトしてるなんて恥ずかしい」という思いをかなぐり捨てることができたら、そこには大きな自由が広がっている気がした。

支配人 あなたが以前恐れていた「食べていく」ということの正体が、物理的に理解できたと。

瞬 はい。ただ、それでもなけなしの貯金を切り崩すことはさすがに不安で。でも、それ以上にこの「幻の鳥をつかまえる機会」を逃すことのほうが怖かった。

支配人 覚悟されたのですね。

瞬 そうです。でも、すぐに行動に移すことができなくて、しばらくぐるぐる考えました。だけどそのあと毎日駅のホームで電車の終点の駅名を見るたびに、あの日のことを思い出して。

支配人 会社を「ズル休み」した日、ですか。

瞬 ははは。今思えば、何一つ、ズルくはないですね……。人生にとって、もっとも必要な一日でした。それで2週間経ったころ、退職願を出しました。

支配人 そうでしたか。

瞬 もちろんそのあと先輩から「インドにでも行くの？　自分探しの旅に」と、からかわれたりもしました。たしかに、表面だけすくって見れば、「やりたいことを見つけるために、自分自身と向き合う時間を作る」なんて、よく聞く話です。

だけど、一度も本気で試したこともなかったですし、ほんとうに必要なことだった。

支配人 そうですね。スローガンというのは危険です。固定化された言葉は「自分で考える」という行為を奪いますから。

瞬 退職してみたら、びっくりするほど自由になりました。あんなにびっしりと埋まっていたスケジュールに何も書いていない。何をしてもいい喜びで、いっぱいになりました。でも、じつは僕、ある仮説を立てていたんです。

支配人 ほう、どんな仮説です?

瞬 **僕は、もしかしたらナマケモノなのかもしれない、っていう仮説です。**

あれ、全然おもしろくない

支配人 ナマケモノ?

瞬 極端な話、もし宝くじで3億円当たったら、僕は何もしなくなるんじゃないか。

とにかく何もせず、ラクして暮らしたい。そう思っていました。

支配人 何もしたいと思わない人間だと。

瞬 はい。何をやりたいとか、やりたくないとか以前に、まず食っていくために仕事をせざるを得ないと思っていました。それで、仕事をするなら、興味のあることのほうがいいんじゃない？　くらいの認識で。

支配人 なるほど。

瞬 だから、経済的に余裕があって働かなくてもいいなら、毎日好きなマンガや本を読んだり、映画を見たり、とにかく好きなことをしていたいなと。自分はそういうタイプの人間だと思ったんです。それにあなたから「何もしたくないなら、何もしない、というのもアリ」だと言われていましたし、貯金を切り崩せば最低1年は生きていけるとわかっていたので、自然とそういう生活になっていきました。

支配人 最低限がわかったから。

瞬 はい。実際に「自分はほんとうにナマケモノなのか」という仮説を、体を使って検証する必要も感じていました。だから、毎日とにかく好きなマンガや小説を読み、映画やアニメをむさぼるように見ました。もう、昼も夜もわからないくらいに。これまでは、編集の仕事で「作る」側にいたのですが、とにかく消費する側を味わい尽くしたかった。

支配人　ひたすら受け取ることをやってみたわけですね。

瞬　はい。読みたいから読む。見たいから見る。そんなシンプルなことが、長らくできていなかったので、ひたすら幸福な時間でした。ただ、ゴミ出しのときに隣のおばちゃんに出くわすのは少し気まずかったので、できるだけ早朝に出すようにしたり、ときには一人でスーツを着てパソコンに電源を入れて「出社！」などと言いながらアニメを見たりもしていました。誰も僕を止める人がいないので、これを続けたらどうなるんだろう？　という興味もありました。

支配人　それで、続けてみてどうなったのですか？

瞬　……さすがに2か月くらいたったある日、思ったんです。「あれ、今僕、おもしろくない」って。

支配人　ほう、おもしろくない？

瞬　何を読んでも、何を見ても、おもしろいと思わなくなってきたんです。むしろ、うんざりした。

支配人　うんざりした……というのは、その生活に？

瞬 はい。頭では「これはおもしろい本だ」というのはわかるんです。でも「だから?」って思ってしまって。だからやっぱり、働きたいなと。

支配人 ではあなたは、自分が最初に思っていた「働かなくても好きなことだけしていればいい人間」ではなかったと。

瞬 そうなんです。実際に行動して試してみたことで、それがはっきりわかりました。でも、それから、どうすればいいかわからなかった。それで、今迷っていることを、思いの丈を、とにかく紙に書き出したんです。混乱を、一つひとつほどくために。

瞬がやったことは、シンプルだった。
ただ机に真っ白な紙を並べて、毎日自分に質問をした。
自分は今、何が不安なのか。
何がしたいのか。
何に焦っているのか。
ひたすらそれに答えては問い、問うては答えた。

ときには、友人の活躍を聞いて湧いた妬ましい気持ちも正直に書いた。恥ずかしい気持ちもあったが、はっきり認めると自分を少し肯定的に見られるようになった。
そのうちに、瞬は一つの「問い」にたどり着いた。ひたすら紙に向かい始めてから、２か月以上がたったある夜のことだった。

お金をもらえなくても、やってしまうことって何だろう？

瞬　ある日のことでした。僕は、ある一つの「問い」に出会ったのです。

支配人　それは、どういう問いですか？

瞬　**「お金をもらえなくてもやりたいこと、やってしまうことって何だろう？」という問いです。**

支配人　お金をもらえなくてもやってしまうこと？

瞬　はい。このまま貯金が尽きてしまえば、僕は生きていけないかもしれない。でもその恐怖が雑音になって、なかなか答えを出せないのかもしれないと思ったんです。だから、真逆のことを問いかければいいんじゃないかと。

支配人　なるほど。「何の報酬もなくてもやってしまうこと」とは何か、ということですか。それはまさに「自分がやってみたいと思ってしまったこと」を考える問いとして、ふさわしいかもしれませんね。

瞬　ありがとうございます。

支配人　それで、あなたがお金をもらえなくてもやりたいことというのは、いったい何だったのですか？

瞬　それは「感動の分析」でした。

支配人　感動の分析？

瞬　はい。あの、僕、感動すると、なぜ自分が感動したのかを、すごく分析してしまうんです。誰に頼まれなくても勝手に。あのときのあのセリフってなんで出たのかな？　とか、このキャラクターってどうして生み出されたのかな？　とか。それなら、その、感動にかかわれる仕事に就けば、自分はしあわせになれるのではないか、と思ったんです。

支配人　感動にかかわる仕事。

瞬 はい。漠然とですが。だけど、そのために何をすればいいのかは、まだ具体的にはわからなかった。だから、気になった会社の面接をかたっぱしから受けていきました。最初は全然受からなくて、書類で落ちてばかりでしたけど……。

支配人 そうでしたか……。会社に入ろうと思ったのはなぜですか？

瞬 自分一人でできることより、人と協力したほうが、大きな感動が得られそうだと感じたからです。一人でずっと考えていて、人と心を通わせたいという気分だったからかもしれません。少なくとも前みたいに「とりあえず会社に入っておかないと」という気持ちではありませんでした。

支配人 お金をもらえなくてもやってしまうことをする、という前提で動いていたわけですからね。

瞬 はい。それで、やっぱり何かの作品を生み出す仕事にたずさわりたいのかもしれない、と思って、最初はインターネットテレビの会社の面接を受けてみました。とある有名ベンチャー企業が母体になって、新しいチャレンジを推し進めている会社です。そのとき、番組の企画を考えるという課題が出たんですが、それが楽しくて楽しくて。

支配人 考えるのが楽しかった。

瞬　それはもう。でも、そこはあっさり落ちてしまったんです。

支配人　そうでしたか。

瞬　ほんとうにショックでした。でもそのおかげで、自分がいかに企画を考えるのが好きか、はっきりわかったんです。落ちたらこんなに悔しいってことは、僕は本気で、作品を生み出す仕事にかかわりたいんだ、と思うようになりました。

支配人　心の声が、明確になってきた。

瞬　そうです。だから、とにかく作品作りにかかわれる会社という観点で、20社以上の面接を受けました。映像制作からイベント企画、旅行代理店まで、自分の経験がまったくなくても、「企画」にたずさわれるあらゆる分野に応募したんです。そのすべてに思いつく限りの企画書を書いて提出していました。そのうち、だんだん面接が先に進む会社が出てきたんですが、その中の一つに、マンガサイトの編集者の募集がありました。

支配人　マンガの編集者ですか。

瞬　はい。すごく前衛的なサイトで、名だたる人気作家が描いているんですけど、とても意欲的な作品が多くて斬新で。ただ、そのとき僕はまだ具体的に何がやりたいのかわからなくて、「マンガ好きだし、マンガ編集者もありかな」くらいの感じでした。前の会社にいたときに、むずかしい古典をマンガで表現する本を作ったことがあって。でも、僕のやる気とは別に、思った以上にトントン拍子に選考が進んで、最終面接までたどり着きました。

支配人　なるほど。

瞬　こんなに順調にいくってことは、もうここは受かるんだろうな、と。「受かったら、ここに入ろう」。まだ受かってもいないのに、そんなことまで思っていました。

支配人　それで、結果は？

瞬　落ちました。

支配人　なんと。

瞬　きっと僕のその甘い気持ちが見抜かれていたんだと思いますが、そのときのダメージは、ほんとうに大きかった。でもそのおかげで、僕は相当、マンガの編集をやりたいんだ、と気づいたんです。

支配人　単に「企画を考える」だけではなく、マンガにたずさわりたいのだと。

瞬　はい。今までの人生を振り返っても、ほかのことで、それほど悔しいとか悲しいとか思わなかったのに、落ちたとき、心底悲しかったし、悔しかった。それで気づきました。「なんとなくやってみたい」程度で、できる仕事ではない。人の心を震わせる仕事なのですから、今考えると当たり前なんですが、そのときは段階を踏んで気づいていきました。

支配人 そうですね。混乱しないで。

瞬 はい。それで、もう一度、だったらなぜ自分はコンテンツ作りにたずさわりたいのか。その中でもなぜマンガなのか、という深い部分と向き合いました。それで僕の中から出てきたのが……僕、高校のとき、友達が一人もいなかったんです。

瞬は、高校1年の春を思い出していた。

入学して1か月。だんだん人間関係ができてくるころだったが、瞬は、校舎裏にある焼却炉の横で一人弁当を食べていた。

まだぶかぶかの制服。仲のいい中学の友人もいなければ、自分に話しかけてくれる人もいない。

一度だけ、勇気を出してクラスメイトに声をかけてみたけれど、なぜか一瞥《いちべつ》され、無視された。今はスマートな体形の瞬だが、昔はほかの生徒よりも太っていた。そのせいかどうかはわからないが、そこからクラスメイトに話しかけるのが怖くなった。

いじめられているわけではなかったものの、結局そのあと、高校1年の間、ずっと友達はできなかった。

弁当が冷えてもおいしいのは、人と食べるからだったんだ。昼休み、そんなことを思いながら、煙たい味のする、固い米を噛みしめていた。

▲人生の幸福は感動の総量で決まる

瞬　当時、唯一の救いは、学校の帰りに小さな書店でマンガを買って、それを電車の中で読むことだったんです。

支配人　なるほど。

瞬　それはもう、手当たりしだい読んでました。じつは、中学までは全然マンガを読まなかったんですが、たまたま手に取った作品がおもしろくて夢中になりました。マンガを読んでいるときだけは楽しくて、「明日も学校へ行こう」と思える。一人ぼっちでいる現実はつらいのに、マンガを読んでいれば、学校へ向かう電車にも乗っていられる。現実逃避と言っちゃえばそれまでです。だけど、そうじゃないと思ったんです。なぜか。

支配人 そうじゃない？

瞬 はい。単なる現実逃避ではなく、マンガを読んでいる時間も、現実の一部だって感じたんです。

支配人 失礼ですが、それは、強がりではなく？

瞬 はは。たしかに強がりみたいですよね。でも違うんです。あの、僕**「人生の幸福は感動の総量で決まる」**って気づいたんです。

支配人 感動の総量？

瞬 はい。なんか、無駄に格言じみた言い方ですみません。その「感動」というのは、ただ単に「泣いた」とか、そういうことではなくて……。むずかしいんですけど。

支配人 話してください。どういうことですか？

瞬　すごく他愛のないことなんです。たとえばその、クスッと笑っちゃうとか、「この悪役ムカつくな」とか、とにかく心が動いてる。「感が動してる」という意味です。

支配人　なるほど。心が動いている。

瞬　とにかく感動している時間が長ければ長いほど、人生の幸福に影響してくる、ということを実感していて。そこに感情の種類の規制はなくって、「この女の子可愛いな」と思っていることすら「感動」だと思うんです。

支配人　自分の思う「感動」が何をさすのかまで、明確にされたのですね。

瞬　はい。「どうしてマンガなのか？」ということに結論を出したかったからです。するとマンガには、あらゆる「感情の動き」が凝縮されていることに思い至りました。それと……。

支配人　それと？

瞬　はい。それと、もう一つあるんです。

支配人　もう一つ？

瞬　たとえば、自分が読んで感動した作品を人にすすめたときに「ものすごくよかった」「あのシーン、めちゃくちゃ感動しました」と、感想を言われたとします。

そうすると僕、またその作品を読むんですよ。

支配人　どうしてもう一度読むのですか？

瞬　想像するんです。「ああ、あの人はここで感動したんだろうな」っていうのを。今まで人には言ったことがないんですが、自分が感動した作品を、誰かに「感動した」って言ってもらえるとものすごくうれしくて。「人が感動していることに感動する」ということに気づいたんです。

支配人　人が感動していることに感動する。

瞬　はい。あの子はどこで感動したのか、どうして感動したのか、追体験しながらもう一度読むと、最初に読んだときより、何倍も心が動いてしまう。

支配人　なるほど。自分一人で読んでいたときより、何倍も。

瞬　人が感動している姿って、ほんとうに尊いんです。ほら、ライブ映像で観客がアーティストを見て感極まっている姿、あるじゃないですか。自分が知らないアーティストなのに、あれを見てるだけで、もう胸がいっぱいになってしまう。そこから俯瞰《ふかん》して考えると、おそらく、自分がかかわって生み出したコンテンツで人が感動していたら、最高な人生なんだろうなと。それなら、お金をもらえなくても、いつまでもやっていられるなと。

支配人 それで、コンテンツを生み出す仕事にかかわりたいと確信が持てた。

瞬 はい。マンガの編集をしている自分を想像しただけで、すごく興奮することに気づいたんです。

支配人 しかし、なぜ、編集する側なのですか？　それなら、自分自身がマンガを描くという方法もあるはずですよね。

瞬 もちろん……それも、考えました。じつは僕、恥ずかしいのですが、大学時代、本気で小説家になりたいって思っていた時期がありました。だけど、作品を完成まで至らせることができなかった。とても苦しかったのです。でも、「こんな話、読みたいな」とか「こういうのが世の中にないから、あったらいいな」とか、そういうことを考えるのは好きで、いつまでも考えていられた。

支配人 なるほど。自分で作ることより、何を作るか考えることに楽しさを感じていた。

瞬 はい。それが正直な気持ちでした。企画や、作家さんと伴走する立ち位置のほうが、自分は楽しくできる。作家さんの脳を刺激する役目だったらできるし、やってみたいと思ったんです。

方程式なんて、どこにもない

瞬　それで今日これから、最終面接なんです。高校生のときからずっと読んでいた、ものすごく好きなマンガ雑誌の編集の。

支配人　ほう、最終面接。

瞬　はい。さすがにちょっと緊張はしてますけど、あとは気持ちを伝えるだけなので。

支配人　そうですか。以前ここに来られたときにおっしゃっていた「夢が欲しい」という気持ちは、どうなりましたか？

瞬　今は……そんなふうには思っていません。

支配人　思っていない？

瞬　はい。あなたの言うとおりでした。僕は「夢」という言葉に縛られていた。**夢というのは、「何者か」になることと同義だと思っていた。**だけど、何者かになろうとしていたからこそ、苦しかったんです。名前のついた職業に、みんなに憧れられる職業に。そこを目指すことに、自分の心からの衝動は、何も含まれていなかった。

支配人 はい。もともと「夢を持たなければいけない」というのは思い込みでしかありませんから。

瞬 よくわかりました。**「やりたいと思ってしまったこと」が何かを突き詰め、ただそれを行動に移す。迷ったらまた問いかけて、行動する……。人生って、ただ単純にその連続でいいんだ、**って思ったんです。別に「夢」みたいに、何だか大げさなものが必要なわけじゃない。だから「マンガの編集者」だってそうです。もしもマンガの編集をやれたとしても、また「ここじゃない」という声が聞こえてくるかもしれませんからね。そのときは、また自分の心の声に耳を澄ませてみればいいだけだと思っています。

支配人 そうでしたか。

瞬 でも、人生で初めて、ここまで自分に向き合って、正直言って、かなり面倒くさかった。だるかった。ものすごく嫌な時間でした。

支配人 そうでしょう。自分とほんとうの意味で向き合うというのは、ものすごくつらく、めんどうな作業ですから。

瞬 だけど、会社を思い切って辞めてよかったです。もちろん誰にでもすすめられるわけじゃないけど、焦燥感とか恐怖を持っている状態だと、純粋に「感じる」ことがむずかしくなるっておっしゃっていたじゃないですか。僕、それすごく納得したんです。

支配人 雑音の話ですね。

瞬 はい。雑音を消してやっと気づいたんですけど、1年前まで、僕にとって人生でもっとも大事な「感動」を、ないものとして毎日すごしていたなんて、今ではちょっと、信じがたいです。悩みしかありませんでしたから。

支配人 自動販売機のボタンを押せば買えるくらい簡単なことなら、誰もこんなに悩んでいませんからね。

瞬 僕は、自分で言うのも何ですが、すごく合理的な人間なんです。悪く言えば、頭でっかちというか。計算してしまうし、理屈っぽい。だけど、自分がそんな人間だと思っていたのに、僕の根本には「感動」があったんです。そこには何の計算もなかった……。

支配人 でもあなたは、自分でその「根本」を見つけることができました。そうして、絡まっていたコードがほどけ、美しい音楽を聞くことができた。

瞬 そうでした。コードの話。時間はかかりましたが、コードに向き合い、丁寧にほどくことがこんなに大事だったとは思いませんでした。何で今まで放置しちやってたんだろうって、今は後悔しかありません。

支配人　それはよかった。

瞬　ほんとうに、ほんとうにありがとうございました……。あの日この劇場に来なければ、こんな気持ちになることはありませんでした。

支配人　お礼なんて言わないでください。わたしは、何もしていないのですから。

瞬　でも……。

支配人　あなたは自分で考え、自分で答えを導いた。だから、今の自分に納得できている。それだけです。だから、お礼を言われる筋合いもない。「この方法を真似すればしあわせになれる」という万人に当てはまる方程式なんて、この世のどこにもないのですから。

●

「ああ、ほんとうにここまで来たんだ」

瞬は、首を後ろに大きく反らし、最終面接を受ける会社のビルを見上げた。

吹き抜けになった広いエントランスには「アニメ化決定！」の垂れ幕や、実写映画化されたマンガのキャラクターが着ていた衣装などが、いたるところに並んでいた。

これからもしかしたら、この圧倒的な非日常が、日常になるかもしれない。そう思うと胸が熱くなった。

控え室で待っていると名前を呼ばれた。一つ深呼吸をしたあと、勢いよく扉を開けた。

横に広い会議室には、編集長らしい落ち着いた初老の男性と、短髪にTシャツというラフな格好の若い男性、それにスーツを着た役員や人事の人などが、ずらりと並んで座っていた。

「どうぞお座りください」

スマートに座るつもりが、ドスンと変なタイミングで腰を下ろしてしまった。瞬は、思っていたより緊張している自分に気づいた。しかし、これは暗記のテストではない。今の自分の気持ちを伝える時間でしかないのだ。

転職活動を始めたころ、いかにもマニュアルどおりの回答をしていた自分を思い出し、ふと恥ずかしさがよぎる。今なら、あれがなぜダメだったのかわかる気がする。混じりっけなしの本音というのは、自分でも知るのがむずかしい。この事実を、瞬は1年間で痛感していた。

繰り返し問いかけては答え、掘り下げて考える。これを怠ってしまうから、ラクなマニュアル言葉に逃げてしまうのだ。そんな仮初《かりそめ》の言葉で、自分のほんとうの熱意を伝えられるなんてことは、決してなかった。

「志望動機は何ですか?」

「弊社のマンガで、好きな作品はありますか?」

「あなたはなぜ、マンガの編集をしたいのですか?」

瞬は、友達がいなかった高校のころに、マンガに救われたこと。そして「人生の幸福は、感動の総量で決まる」という答えに自分がたどり着いたことを面接官に語った。聞かれたから答えたというより、どうしても伝えたくてつい話してしまった、という語り口だった。

そして、頼まれてもいないのに、マンガの企画を10本考えてきたことを伝えた。

「あの、1本目の企画は……」と勝手に説明し始めると、面接官が時折苦笑しながらも耳を傾けてくれた。うまくいったかどうかはわからない。ただ、毎日なんとなく会社に行っていた日々と比べると、今のほうが、心は喜んでいるような気がした。

帰宅して水を一杯飲んだ。

ふう……と一息ついたところで、携帯が鳴った。茉莉からのメールだ。

「1年前に瞬くんが言ってた『地平線を追いかけて満員電車を降りてみた』買ったよ！　一気に読んじゃった。あの絵の話さ……」

瞬はあわてて、本棚からその本を引き抜いた。そして茉莉が感動したというページをパラパラとめくった。

その本は、高校生のころに買って、しんどいときに何度も助けられた小説だ。もちろんそのエピソードもよく覚えている。

しかし、茉莉の感動を受け取った今、このシーンが物語の中でもっとも美しいシーンに思えてきて、瞬の胸は高鳴った。

その瞬間、机に置いていた携帯が震え出した。

今日面接を受けた出版社からだった。

鼻の奥に、どこからともなくいちごの香りが訪れる。もうすぐ冬が終わるのだ。

第4話

仕事がうまくいっていないあなたへ

あなたがしていない努力が、もう一つあるのです。

言葉というのは、便利でもありますが、ときに乱暴です。

わ……わたしがコントロールされてるって言いたいんですか？

自分を、無駄に否定するのはやめませんか？

あなたは、好きなモンブランについては、そこまで強く「自信」が持てるやっぱりあなたさっきから、根性論ばっかり言ってません？　今の時代、そういうの流行りませんから！

あの人、ほんとうに天才なんです

「才能」というものが、そもそも存在しないのです。

でも、好きな写真だけ撮ってたって、食えないじゃないですか

自分でも気づかないうちに「好きなこと」と「売れること」がすり替わってしまったのです。

「どうしよう……」

電話を切った茉莉《まり》の指は、小刻みに震えていた。

イラストレーターとして独立して1年。

本、雑誌、広告。そういった媒体に自分の絵が載る――。

希望にあふれて会社を辞め、ずっと夢見ていた仕事に就けた茉莉は、やっと、憧れだった雑誌の、占星術ページのイラスト連載を任せてもらえることになった。

しかし、大きなチャンスにもかかわらず、何度提出しても担当編集者から「違う」「普通すぎる」「うまいけど、なんかピンとこない」とダメ出しされ続けた。

茉莉は、「うう……」とうなりながら、髪の毛をワシャワシャとかきむしった。そしてふと、ある絵のことを思い出した。

その絵とは、ネットを見ていてたまたま見つけた、まだ駆け出しのマンガ家が描いたキャラクター。特徴的な目をしたそれは、茉莉の頭に強い記憶として残っていた。

茉莉は考えるより先にペンを動かし、そのキャラクターそっくりに牡羊座の絵を描いた。つまり、人のイラストを盗んだのだ。

そして、目をギュッとつむって担当の男性編集者に送った。

すると、何も知らない編集者は、

「いいですねぇ。やればできるじゃないですかぁ。茉莉さん、今までサボってたんじゃないですかぁ？　じゃ、こんな感じでほかの星座もお願いしますよ」

と、ニヤけた声で続きを促した。

仕事部屋の窓から見えるはずの桜は、満開になっていることに気づかないうちに、ほとんど散ってしまっていた。

椅子にストンと腰を下ろした茉莉は、机に立てかけてある写真を手に取った。

それは独立したときに、その初心を忘れないために買ったものだった。

「自分もこんな、素敵な作品を生み出したい」。

そこに写っているのは、暗いコンクリートの壁の前で仁王立ちしてこちらをギロリとにらみつけ、オレンジ色のサテン生地のスリップドレスを着た女性だった。

髪はつややかに波打ち、光沢のある生地は、裾に行くほど黄金色に輝いている。

むき出しになった肌は、オーラを放っているかのように赤く発光していた。


「はあ……はあ……はあ……」

突然、茉莉の呼吸が荒くなった。

息を吸い込むばかりでうまく吐けない。

変な汗がダラダラとあふれてくる。止まらない。

さっきまで無意識に任せていた呼吸の仕方が突然わからなくなり、胸を押さえて机に突っ伏す。

頭の中に、よくわからない不鮮明なイメージの断片がコラージュのように浮かんできた。


更新しないといけない運転免許証。しばらく開けていない郵便受け。そういえば実家の母親から、飼っている犬の体調が悪いという連絡が来ていた。帰りたいけれど、その前に仕事しなくちゃ。

意識だけがペンを持ち、イラストの顔の部分をぐちゃぐちゃと塗りつぶしている。

すると、視線の先に、いきなり仁王立ちの女性が現れた。

薄暗くて顔はよく見えないが、オレンジ色のスリップドレスから、机に置いた写真の中の女性だとわかる。

彼女はゆっくりと動き、こちらに近づいてくる。

一歩、二歩、三歩……。

もう少しで彼女の顔がはっきり見える……という瞬間、急にブレーカーが落ちたように目の前が暗くなった。

どれくらい時間が経ったのかわからないが、目が覚めると薄明るい光を感じた。

視界の中心に、古びた舞台が現れ、目の前には、仕立てのいい黒のスーツを身にまとった老紳士が立っていた――。

▲ここはあなたの夢の中です

茉莉　え……ここどこ？　なんかほこりっぽい……。
支配人　こんにちは。
茉莉　えっ、あなた誰？
支配人　わたしはこの劇場の支配人をしている者です。
茉莉　え、劇場？　あ、ほんとだ、舞台がある……。
支配人　まだ昼間なのに、こんなに深く眠ってしまわれるとは。よほどお疲れだったのですね。
茉莉　眠ってる？　わたし、ここで寝ちゃったんですか？
支配人　いいえ。あなたは先程ご自分の部屋で机に突っ伏して、そのまま眠ってしまわれたのです。
茉莉　え、なんでわたしのこと知ってるんですか……？　まさか、ストーカー⁉
支配人　ははは。それはあまりに物騒な推論ですね。耳たぶを引っ張ってみてください。

痛いですか？

茉莉　……痛……くない。

支配人　ここにいるあなたは、起きています。しかし、現実のあなたは、眠っている。それはつまり……。

茉莉　つまり、これは夢の中……ってことですか？

支配人　そうです。茉莉さん、ここはあなたの夢の中です。

茉莉　なんか、リアリティがすごいけど……。って、なんでわたしの名前知ってるんですか⁉

支配人　まあそううろたえずに。夢ということは、わたしはあなたの脳が作り出した存在となります。ですから、あなたのことを何でも知っているのは、当然のことではありませんか？

茉莉　そう言われたらそうですけど……。でも、何でも知ってるって、いったい何を？

支配人　すべてです。

茉莉　えっ……？

支配人　父親を幼いころに病気で亡くし、母親に女手一つで育てられた。現在は上京して1Kのアパートで一人暮らし。好きな食べものはモンブラン。嫌いな食べものはきゅうり。おでこにある一生傷は、小学生のとき友達と廊下で鬼ごっこをしていて、ドアに思い切りぶつかってできたもの。

支配人 ほ、ほんとうに何でも知ってるんですね。

茉莉 ええ。小さいころから絵を描くのが好きで、いつもスケッチブックとクレヨンを持ち歩く子だった。母親が遅くまで働いていたので、家でずっと何かを描いて一人の時間をすごしていた。高校3年で進路を考え出したあたりから、絵を仕事にすることに怖気づき、卒業後はデザインの専門学校に入学。卒業後は、編集プロダクションで専属デザイナーとして6年間勤務。雑誌やフリーペーパー、書籍のデザインなどを担当してきた。

支配人 ……。

茉莉 しかし「わたしが好きなのはデザインじゃない。もっと絵を描きたい」「何かを生み出したい」という思いを捨てきれず、思い切って会社を辞め、今から1年前に独立。まだ売れっ子とは程遠いけれど、編プロ時代の出版社とのつながりもあって、仕事はギリギリ食べていけるくらいにはある状態。そして、安定的な仕事を捨ててでも絵を描く仕事をしたいという覚悟は、いまだに揺らいでいない。

茉莉　まあ、間違ってはいませんけど……。
支配人　そして、さっき、人のイラストを盗んだ。
茉莉　は？　なっ……。
支配人　担当編集者から思うように評価されず、たびたび修正を言い渡されたあなたは、切羽詰まって盗作行為に走った。そしてそれをそのまま、提出した。
茉莉　それはっ……！
支配人　そんなに驚かなくても。言ったでしょう？　わたしは何でも知っているのです。
茉莉　だ、だけど、しょうがないじゃないですか！　だって、何回出してもダメだダメだって突き返されたんですから！
支配人　突き返されたから、人のイラストを盗んだのですか？
茉莉　だ……だからそれは……！
支配人　あなたはそもそも「イラストを描いて生きていきたい」という覚悟を持って独立されたはずです。教えてください。どうしてそんなあなたが、人のイラストを盗んでしまったのでしょうか？

茉莉は、人のイラストをなぞった感覚を思い出していた。それは、首の後ろがぞわぞわとざわめくような、胃の中から何かがせり上がってくるような、おぞましさをともなっていた。

心の奥では、ダメだとわかっている。それなのにどうしてそんなことをしてしまったんだろう？　あんなにやりたかった仕事に就いたはずなのに。安定を捨ててまで選んだ仕事のはずなのに。

劇場の壁が、自分を取り囲んで追い詰める、高い城壁に思えた。

わたしには才能がないから

茉莉　わたしだって、盗みたかったわけじゃないんです……。

支配人　では、どうしてそんなこと？

茉莉　あなたが言うように、わたしは小さいころから絵を描くのが好きでした。ほかに好きなことなんて、何も見つからなかった。だから、一度会社員の道に進んだけど、どうしても絵が描きたい。わたしは絵を描いて生きていくんだって思って。だからこのままじゃいけないって、思い切って会社を辞めたんです。

支配人 はい。自分がやりたいことが、はっきりわかったのですね。

茉莉 そうです。同僚の男の子には「夢があってうらやましい」って言われてました。わたしも、そう覚悟した自分のことをちょっとほめてあげたいって思ってました。

支配人 つまりあなたは、白分の衝動に正直になって、「人生をかけて絵を描く」と決めた、ということですよね？

茉莉 そう……、です。

支配人 では、その「描きたい」とは、「人の描いた絵を描きたい」ということなのでしょうか？

茉莉 ……そんな……、そんなわけないじゃないですか！

支配人 では、あなたはもともと、どんな絵を描きたかったのですか？ どんな絵を描きたくて、イラストレーターになったのですか？

茉莉 どんな絵を？ わたしが？

支配人 そうです。あなた以外にここには誰もいません。

茉莉 そんなの……そんなこと……考えても無駄です。イラストレーターって、自分が描きたい絵を描くような仕事じゃないんです！

支配人　ほう。なぜあなたはそう判断されたのでしょう？

茉莉　だって……そもそもイラストレーターって、誰かからの依頼があって初めて成り立つ仕事じゃないですか……。たしかに描きたい絵だけを描いて食べていける人もいるにはいるけど、そういうすごい人たちとは、レベルが全然違うんです！　わたしには才能がないから……。

支配人　才能がない？

茉莉　そうです。そもそも才能がある人だったら、こんなにダメ出しされたりしないでしょう？　一発でいいイラストを上げて「いいですね！　これでいきましょう！」って言われるはずなんです。

支配人　そうでしょうか？

茉莉　そうですよ！　今、爆発的に売れてる、イラストレーターのエリカって人がいるんですけど……、あの人、ほんとうに天才なんです。

支配人　天才……ですか？　それはどういうことですか？

茉莉　エリカはまだ高校生のときから雑誌の賞を獲ったり、連載を持ったり、本の表紙を描いたりしてて、最初からうまくいってた。でもわたしは、デザイナーをやりながら細々とイラストを描いて、やっと縁のあった出版社から仕事をもらって、這いつくばるみたいにして独立して……。それもエリカより7年も遅れてなんです！　もちろん彼女が努力してないなんて言いません。でも、わたしだって寝る間も惜しんでがんばったのに、ここまで差があるなんて……。持って生まれた才能が違うとしか思えないじゃないですか！

支配人　あなたは、「才能がある」と言ってほしいのですか？

茉莉　なっ……。違います！

支配人　才能は、ありません。

茉莉　え？　……だから、わたしにはないって言ってるじゃないですか!!

支配人　違います。「才能」というものが、そもそも存在しないのです。

茉莉は、眉間に皺《しわ》を寄せて支配人のほうを見た。その顔は、鋭い言葉とは反対に、かすかに微笑みを携えていた。

そのため茉莉は一瞬、支配人が何を言っているのか理解できなかった。しかし「才能が存在しない」という主張だとわかってすぐに、否定的な感情が湧き上がった。

才能なんてない？　そんなのありえない。わたしよりずっと絵がうまくて、個性があって、何もしなくても簡単に有名になった人なんてたくさんいるじゃない。

茉莉は、支配人を静かににらみつけた。

あなたは彼らよりも器用なのです

茉莉　才能が存在しない？　そんなわけないじゃないですか！

支配人　どうしてそう言い切れるのですか？　言葉というのは、便利でもありますが、ときに乱暴です。存在しないものを、あたかも存在するかのように見せることもできる。それを、自分に都合よく利用するために。

茉莉　ちょっと……何むずかしいこと言ってるんですか？

支配人　**「才能」という言葉は、天才と言われている人と自分との間に、大きな壁を作ってしまう言葉ではないでしょうか？**

茉莉　壁？　それの何が問題なんですか？　だってほんとうに壁があるんです！

支配人　それを問題だと思っていないことが問題なのです。あなたは壁を作ることで「あの人たちとわたしは違うんだ」と区別してしまっている。そうすることによって、問題が片付いたように見える。しかし、「片付いた」と一時的に安心するだけで、問題は何も解決しておらず、立ち止まったまま前に進めなくなってしまうのです。

茉莉　違います！　わたしは別に、ラクしたいわけじゃないんです。事実、天才はわたしとはまったく違う、別の生き物なんです！

支配人　そうでしょうか？　あなたが見ているのは、彼らが山の頂上にいる一瞬だけではないでしょうか？

茉莉　山の頂上？

支配人　あなたから見れば、その「天才」と呼ばれる人たちは、あらかじめ自分よりもずっと高いところにいるように見えるかもしれません。しかし彼らは、突然山の頂上に運ばれたわけではなく、自分の足で一歩ずつ、毎日山を登っただけなのではないでしょうか？　そこに至るまでには、想像もできないほどの圧倒的な努力が存在しているかもしれない。

茉莉　……わたしは何も、天才が努力してないなんて言ってません！　わたしだって天才と同じくらい……いや、それ以上に努力してるんです。それなのに報われないなんて、才能の違い以外、何があるっていうんですか？

支配人　あなたと彼らの間には、実際には何の壁も存在しません。しかし、あなたが言うように、もし「違い」があるとしたら……それは、あなたが「自分を押し殺すことができる」という点だけです。

茉莉　押し殺す……？　別にわたし、押し殺してるわけじゃ……。

支配人　あなたが「才能がある」と言っている彼らは、おそらく自分のやりたいことを、どうしても押し殺せないだけなのではないでしょうか？　人から笑われようが、すべてを失おうが、自分の衝動を貫かざるを得ない。しかし、あなたは、それを押し殺すことができてしまう。

茉莉　そんな……押し殺すだなんて……。

支配人　ではこう言い換えましょう。**良く言えば、あなたは彼らよりも器用なのです。**それなりに何でもできてしまうから、自分のやりたいことよりも、人の要望に応えようとしてしまう。

茉莉　お言葉ですけど、人の要望に応えることの、どこがいけないんですか？　だいたい、依頼主がいる仕事で「自分を出す」なんて……。そんなの、現実的にありえない。わたしみたいに才能のない人間は、こうしてコンスタントに仕事をもらえるだけでありがたいんです。とにかく相手が言ったとおりのものを仕上げるのが、プロの仕事でしょう？

支配人 そうでしょうか？ わたしが依頼主なら、わたしの言ったとおりに描き上げられたイラストよりも、わたしの想像を超えたものが届いたほうが、はるかにうれしいと思います。

茉莉 でも、「想像したものと違う！」って言われたら……おしまいじゃないですか。

支配人 あくまでわたしなら……ですが、わたしが最初に想像したものと違っても、「こんな表現もあったのか」「ああ、この人は全力で描いてくれたんだ」と感じられれば、興奮すると思います。

茉莉 そんなきれいごと言わないでください！ そうできたらどれほどいいか……。だけど現実は、20回提出しても、ＯＫが出ない。やれ地味だ、やれ普通だ、目を大きくしろ、色味をもっと派手にしろ。そうやって原形がなくなるくらいダメ出しされるんです。もうこれ、わたしのイラストじゃなくていいんじゃない？って何度思ったことか。

支配人 しかし、**あなたがもし本気で描きたいと思った絵なら、それを殺してしまう意**

見を、わざわざ受け入れる必要などありますか？

茉莉 そんな強気なこと言われても……。

支配人 そもそも最初からあなたの作品に魅了されている人とだけ仕事をすれば、戦うことも議論することもなくなるのではないでしょうか。

茉莉 そんな都合のいい話あるわけないじゃないですか？　わたしが描きたい絵を描かせてくれて、そのうえ報酬までもらえるだなんて。

支配人 でしたら先方に「報酬はいらない」と伝えてみるのはどうでしょうか？

茉莉 え？

支配人 相手に「報酬はいらない。だから、自由に描かせてほしい」と伝えてみては？

茉莉 報酬がいらないって……、ノーギャラってことですか？

支配人 そうです。

茉莉 ちょっと待ってください。それで仕事が来たとしても、「タダで使えるから」っていう理由じゃないですか！

支配人 これは、自由に絵を描くチャンスを獲得するための、一つの手段の話でしかありません。もしあなたが好きな絵を描いて、それを仕事にしていきたいのなら、相手のリスクを極限までゼロに近づけることは、手段として単純に合理的だという話です。

茉莉　そんなこと言われたって……。

支配人　あなたは、この写真……、おわかりですね？

茉莉の目の前の舞台が、パッと明るくなった。

奥のスクリーンに映し出されたのは、仁王立ちした女性がこちらをにらみつけている、茉莉の仕事机の上に飾っているあの写真だった。

茉莉がこの写真と初めて出会ったのは、独立する2年前、駅のホームで見た写真展のポスターだ。

ターミナル駅の人混みにもかかわらず、茉莉はそのポスターの前で、思わず足を止めてしまった。

気に入らなければ使わなくていい

茉莉　この写真……。

支配人　あなたの机に飾られている写真です。

茉莉　ええ、それはわかりますけど……。

支配人　あなたは彼の作品に魅了され、これを買った。そして、その後の彼の活動も追っていましたね。

茉莉　ええ……。写真だけじゃなくて、彼が撮ったミュージックビデオも、監督した映画も全部見ました。ハリウッドで撮った3作目も、何度も繰り返し見た。でも彼って、写真家になる前の経歴はわからないし、メディアに顔出しもしてない謎だらけの人でしょ？　っていうか……何なんですか？　この写真を見せて、わたしに初心を思い出させようとか、そういう魂胆なんですか？

支配人　いいえ。そうではありません。彼はあなたが「ありえない」と言った、「報酬はいらない」という方法で、自由に仕事をする権利を得たのです。

茉莉　え？　そんなことする人がほんとにいたんですか？　この人が？　っていうか、

なぜあなたはそんなにこの人のことに詳しいの？

支配人　彼はわたしの古くからの大切な友人だからです。彼も昔、今のあなたのように出版社に写真を売り込んでいました。そのとき、「まずは写真を撮らせてほしい。気に入らなかったら使ってくれなくていいし、ギャラはいらない」と言っていたのです。

茉莉　何それ……。

支配人　彼は、写真だけでなく、最初にミュージックビデオを撮りたいと思ったときにも、まったく同じことをしました。

茉莉　「まったく同じこと」って……？

支配人　彼は、アーティストが多数所属するレコード会社の代表に、直接「報酬も制作費もいらない。とにかく、どのアーティストでもいいから一日貸してくれ」「気に入らなければ使わなくていいから」と言ったのです。

茉莉　えっ、制作費もいらないって言ったんですか？　それ、もう赤字じゃない……。

支配人　そう。しかし向こうのリスクは、アーティストを一日貸し出すだけです。**相手の負うリスクが小さければ小さいほど、NOと言われる確率が下がる。**もし、あなたがそのアーティストのマネージャーだとしたら、どうですか？

茉莉 まあ「そんなに言うなら、一回作ってみてよ」って話になるかもしれませんけど。だって、気に入らなければ、1円もお金を払わなくていいんですよね？

支配人 そうです。「YES」と言いやすい状況ですよね。そうやってチャンスを得た彼は、必死でそのミュージックビデオを仕上げて、作品は大きな反響を呼びました。

茉莉 あれ、ノーギャラだったんだ……。

支配人 もちろん、無報酬で引き受けたのは最初の1本だけです。そのあとは、同じレコード会社から次々と仕事が入るようになりましたし、作品の評判を聞きつけて、別のアーティストからも依頼が来ました。そうするとどんどん仕事も増えていき、さらに挑戦できる環境も広がっていった。

茉莉 まさかとは思うけど、もしかして、そのあとの映画も？

支配人 はい。彼は映画など作ったことがなかったので、すぐに原作となる本の権利を持つ出版社に行きました。彼はそこの代表に「あの本を映画化したい。だからその権利を自分にくれないか？」と直談判したのです。そして自分のこれまでの経歴や、なぜ映画化したいのかという理由を、必死に相手に伝えた。そのときも、「映画がヒットして、出資者のみなさんに利益が出るまで、自分の報酬はいらない」と申し出たのです。

茉莉　やっぱりノーギャラなんですね……。

支配人　ええ。それどころか、「自分も出資をする」と言って、それまで稼いだ自分のお金をすべて差し出したのです。それによって相手にも「そうまでしてでも作りたいんだ！」という覚悟が伝わった。そうやって、映画製作が未経験だったにもかかわらず、作品を撮る権利を得たのです。

茉莉　でも、ちょ……ちょっと待ってください。なんだか美談みたいに聞こえるけど、仕事なんだからやっぱりきちんとお金をもらわないと、それはそれで無責任じゃないですか？

支配人　わたしは別に、あらゆる仕事を無報酬で受けろと言っているわけではありません。これは、あくまで「手段の一つ」。何かの分野で初めて道を切り開くときの、戦略のパターンについてお話ししているだけです。

茉莉　戦略のパターン？　いやいや、そんなパターンないですよ！

支配人　あなたが「どうしてもやりたい」と衝動を抱いたことがあるとします。しかしクライアントが「あなたには経験がないから」という理由でNOと言っているとしたら、相手のリスクを極限まで下げてやりたいことを実現するのは、むしろ合理的な方法だとは思いませんか？

茉莉　合理的って……。本気で言ってるんですか？

支配人　話が長くなりましたね。さあ、ちょっと頭をすっきりさせたくなってきたでしょう？　どうぞ、冷たいお水でも召し上がってください。

支配人は、どこからかガラスのデキャンタを持ってきて、小ぶりなグラスに氷水を注いだ。

ノーギャラで仕事を受ける……。

そんなの、権力に屈した、ただのパワハラの延長じゃないか。

わたしは自分なりにプライドを持ってやっている。タダで仕事を受けるなんて、戦略のパターンだとしても、絶対、健全じゃない。

夢なのになぜか、とても喉が渇いていた。

支配人に手渡されたグラスは、拍子抜けするほど軽くて持ちづらかった。薄さのあまり、強く握ると手の中で割れるんじゃないかとひやひやした。

人生は100メートル走ではない

茉莉　あなたが言ってることは間違ってます。まがりなりにもプロなんだから、ノーギャラで仕事なんてするべきじゃないでしょう！

支配人　もちろん、道を切り開くためにはほかの手段もあるでしょう。大事なのは目的を達成することであって、手段を真似することではありませんから。ただ彼は、どんな手を使ってでも作りたいもの、人に見てほしいものがあったから、苦労を苦労とも思わずただ動いただけです。

茉莉　何なんですか、その根性論みたいな話……。

支配人　根性論ですか。あなたはそんなにスマートでいたいのですか？

茉莉　なっ……。そういうことじゃありません！　だって、わたしみたいに才能がない人間が「ノーギャラでやりますから」って必死にがんばったって、どうせ天才にはなれないじゃないですか！

支配人　厳しいことを言うようですが、あなたは逃げている。

茉莉 逃げてる……？　わたし、逃げてなんかいません！

支配人 それでは言葉を換えましょう。あなたはそうやって、「才能」「天才」「レベル」といった言葉で、人と自分を区切ることで、自分を納得させようとしている。違いますか？

茉莉 だからそれは事実だって……。

支配人 このままだと、あなたは自分に嘘をつき続け、自分をあきらめていることに気づかないまま、なんとなく仕事を続けることになってしまうかもしれません。

茉莉 自分をあきらめるって……。何、そんな怖いこと言って、わたしを脅して何が楽しいんですか？

支配人 そんなににらまないでください。わたしはあなたの中にいます。ですから、あなたが自覚していることしか話していないのです。

茉莉 じゃあ……そんなにわたしのことがわかるんだったら、わたしがこれからどうすればいいかだってわかりますよね？　手っ取り早くそれを教えてくれてもいいじゃないですか！

支配人 どうすればいいか？　そういったノウハウのようなものは、わたしにはわかりません。ただ、わたしにわかるのは、人生は100メートル走ではなく、障害物競走のようなものだということだけです。

茉莉　障害物競走？　どういう意味ですか？

支配人　あなたのように「人生は100メートル走で、スタートすれば必ずゴールできるものだ」と思っていると、ハードルが現れたときにびっくりしてしまうでしょう。そして「どうしてわたしだけ？」「なぜ乗り越えられないの？」「ハードルがない人もいるのに……」と悩まざるをえなくなってしまう。

茉莉　ああ、はいはい。人生は大変だってことが言いたいんですか？　失礼ですけど、あなたみたいな年配の方って、そういう話をしたがりますよね。はっきり言って、響きませんから！

支配人　いいえ。**人生というのは、そもそも不平等なのが当然だというお話です。**しかし、多くの人は不平等であることに納得できていないのです。だから、「どうしてハードルが現れるの？」と憤ってしまう。

茉莉　そんなこと言われても、生まれつき才能があって、トントン拍子にすべてが進んでる人を見たら、腹が立って当たり前じゃないですか。

支配人　しかし「人生とは、困難があって当たり前の、障害物競走のようなものだ」とあらかじめ思っていれば、壁が現れてもそれを乗り越えればいい。簡単ではないかもしれませんが、そのための努力を続けることはできます。

茉莉 だからわたしはずーっと努力してるんです……。でも一部の人は、そんな努力しなくたってうまくいくわけでしょう？　別にひがんでるわけじゃないけど、うらやましいに決まってるでしょ？

支配人 わたしの知っている限りの「天才」と呼ばれている人たちすべてが、その裏では信じられないような努力をしています。つまり本来であれば「やりたいことをやる」ためには、圧倒的な努力が必要です。カッコ悪くても、歯を食いしばって、地べたを這いつくばってでも必死にやらなければ、そして、その努力をやりきる覚悟がなければ、必ず挫折してしまいます。簡単ではないのです。

茉莉 そんなのわかってます！　願うだけで夢が叶うなんて、そんな甘いこと思ってるわけじゃない……。

支配人 あなたはたしかに、「これをやりたい」というものを見つけました。「やりたいことが見つからない」と言う方も多い中で、「絵を描いて生きていく」と決めたわけです。しかし、**「やりたいこと」を見つけたら、それで終わりというわけではありません。**あなたにとって絵を描くということは、少しつまずいただけで「わたしには無理だ」とあきらめてしまう程度のものだったのですか？

突然、茉莉の耳元を、ビュウ、と小さな風が通りすぎた。

1年前、茉莉は独立する自分への記念に、アンティークの小さな額縁に入ったあの写真を買った。

少し値が張ったが「一生ものだ」と言い聞かせて財布を開けた。

それは、「わたしだけにしか作れない何かを作りたい」というあいまいな願いを、ほんの少しだけ形に変えたものだった。天才と呼ばれるような才能はないかもしれない。だけど、それでも「自分の世界を作る覚悟」を決めた証でもあった。

そのことを思い出すと、喉を通り越して胸の奥が渇くような感覚を覚える。

茉莉は、グラスに手を伸ばした。

あれ……？　形が、変わってる？

さっきまで薄くて小さなグラスだったのに、急にどっしりと重くなっている。

ウイスキーのロックグラスのように、背が低く直径が広い。茉莉の小さな手では握りづらく、持った瞬間、落としそうになった。

……まあ、夢だから。

茉莉はグラスを両手で支えて口元に運び、ゴクリと音を立てて水を飲み込んだ。

「好きな写真だけ撮ってたって、食えないじゃないですか」

茉莉　わたしだって、ちょっとつまずいただけでこんなに悩んでるわけじゃないんです！　会社を辞めてから毎日必死でやってきて……。だけどやりたくない仕事もやらなきゃ食べていけないじゃないですか！　夢だからって……、そんな無責任なこと言わないでください！

支配人　なるほど、「食べていけない」ですか……。またその呪文ですね。

茉莉　は？

支配人 いや失礼、その言葉、呪文のように何度も耳にするもので。

茉莉 呪いの言葉ってこと？

支配人 ある意味、多くの人たちが、現代という、こんな恵まれた時代に生きているのに断ち切れない呪いなのかもしれません。

茉莉 断ち切れないなんて、しょうがないじゃない！ わたしは小さいころから絵を描くのは好きだったけど、母親からは「絵描きなんて、そんな食べていけない仕事やめなさい」ってずっと言われてたもの……。

支配人 知っています。お母様は、ご自身でそれを経験したことがないにもかかわらず、そうおっしゃっていた。あなただけでなく、多くの人が幼いころにそういった呪いの言葉をかけられています。駆け出しだったころのあの写真家も、あなたとまったく同じことを言っていました。

茉莉 えっ、あの人が？

支配人 はい、彼は当時、それなりに評価され始めていました。しかし、自分ではまだ心から納得できる表現にまで、作品を昇華できていなかった。まだ、あなたの好きな、机にかざられているあの写真の表現に行き着く前の時代です。そんなある日、とあるファッション誌の編集者から連絡をもらいました。

茉莉　仕事の依頼がきたってこと？

支配人　はい。その編集者は彼に、突然15ページの特集ページを依頼してきたのです。

茉莉　……あの、それって、けっこうすごいことなんですか？

支配人　ええ、まだ新人ですから、15ページなんて大抜擢です。彼はとても喜び、このチャンスを活かしたい、絶対に失敗なんてできないと思いました。そこで、編集者に聞いたのです。「どんな写真を撮ればいいですか？」と。

茉莉　聞きますよね、普通。どういう雰囲気で撮ってほしいとか、具体的にオーダーしてほしいじゃないですか。

支配人　あなたにとっては、それが普通かもしれません。でも、その編集者は彼に対してこう言いました。「あなたの好きな写真を撮ればいい。そして撮り続ければいい」と。

茉莉　好きな写真だけ？

支配人　はい。彼もまだ駆け出しだったので、その言葉に戸惑ってしまった。そしてこう言ってしまったのです。「でも、好きな写真だけ撮ってたって、食えないじゃないですか！」と。

茉莉　それって……。

支配人 そう。今のあなたが言っていることと同じです。それなりの生活ができているにもかかわらず。

茉莉 で、その編集者はなんて言ったんですか？

支配人 編集者が放った返事はこうでした。**「信じるもののためだったら、飢え死にしなさい」**

茉莉 え？　うえ……何？

支配人 「信じるもののためだったら、飢え死にしなさい」

茉莉 え、飢え死に？　何それ、死ねって言ったんですか!?

支配人 もちろんほんとうに「飢え死にしろ」という意味で言ったのではありません。

茉莉 え、じゃあ、どういう意味なんですか？

支配人 それは、**あなたはほんとうに「そのためだったら死んでもいい」と言えるほどに、心の底から作りたいもの、世に問いたいもの、そして自分が信じられるものがあるのか？**　という問いです。

茉莉 そんな、「死んでもいい」なんて、極端すぎますよ！　よく「命がけでやれ」なんて言う人もいますけど、死んだら終わりなんですよ？　やっぱりあなたさっきから、根性論ばっかり言ってません？　今の時代、そういうの流行りませんから！

支配人 落ち着いて。お水を一口飲んでください。

茉莉 それどころじゃないでしょう！　好きなことだけやっていられれば、餓死してもいいなんて、そんな……。

支配人 もちろん、ほんとうに死んでしまっていいという意味ではありません。そのために何かを犠牲にしろという意味でもない。これは本気で何かを成し遂げたい人に必要な「覚悟」の話です。

茉莉 覚悟？

支配人 「命を捨ててもいいと思えるレベルの作品を、ほんとうに生み出そうとしているのか？」「そのための努力を一度でもしたことがあるのか？」という「問い」なのです。彼はこのあと初めて、その問いに本気で向き合うことになります。もしあなたが今の仕事について、それほど本気でないなら、このお話は終わりにしてもかまいません。

茉莉 わ……わたしは本気です！　自分の衝動に忠実になって、会社を辞めてまでこの仕事を選んだんです。だから、こんなに寝る間も惜しんで努力してるんです。なのにどうして……。

支配人 あなたがしていない努力が、もう一つあるのです。

茉莉 え？　こんなに毎日仕事しかしてないのに、まだ足りないっていうんですか？
頭がおかしくなりそうなほどやってるっていうのに……。

支配人 **あなたには、自分の命をかけてまで、世に送り出したいものがありますか？**

茉莉 え？

支配人 わたしの質問はちゃんと聞こえたはずです。もう一度聞きます。一枚でもいい。
あなたはほんとうに自分が描きたかった絵を描いたことがあるのですか？

茉莉 だから、わたしには「絵で自分を出す」なんて早いって……。

支配人 まだ逃げるのですか？　もし、あなたが好きなように、描きたい絵を自由に描いていいというクライアントが現れたら、あなたは何を描くのですか？　そもそも仕事ではなくても絵は描けますよね？　ではなぜその絵をあなたはまだ描いていないのですか？

茉莉 やめて……。

支配人 いいえ、やめません。これがあなたがずっと避けていたものの正体なのです。
もうこれ以上避けてはいけません。あなたは「才能がない」とか「食べていけない」」という言葉で片付けて、自分の中に何があるのか考えることを投げ出してしまっている。そして目の前に現れた仕事をただこなすことを「努力」と言っている。

茉莉　もうやめて……！　やめてください！

支配人　あなたはフラフラと「どんな絵なら受け入れてもらえるかな？」と右往左往し続けているだけで、「この絵を送り出せるならほかに何もいらない」と思えるところまで自分の内側と向き合っていない。違いますか？

茉莉　もうそれ以上言わないで!!

支配人　わたしはあなたなのです。あなたの心の声なのです。答えてください。あなたは、どんな作品を世に送り出すためなら「命を差し出せる」のか！

茉莉は、頬に何かが流れているのを感じた。

まさかこんな、知らない誰かのお説教で泣くなんて、思ってもみなかった。しかも、夢の中で。

でもその言葉はたしかに、見ないふりをしてきた茉莉の心の奥をこじ開けてきた。

ただ、開けたはいいけれど、その奥は真っ暗な闇だった。

ほんとうに何かがあるのか、それとも空っぽなのか、茉莉にもわからない。
わからない中で、目の前にはあの写真がただ赤く光っていた。

個性はすべての人間の内側に存在する

支配人 あなたが中学生のときに見た、あの一枚の絵を覚えていますか？　学校の図書館でたまたまめくった、一冊の画集の中にあった。

茉莉 ……覚えてますけど。

支配人 「ああ、こんなふうに、心が震える絵が描けたらどんなにしあわせだろう？」あなたはそう思った。そう思ったからこの仕事を選んだ。なのに……あなたはいまだに一枚も自分の心が震える絵を描いていない。

茉莉 わかってる！　……わかってるのよ!!　いつも口では言ってます。「こんな絵が描きたい」「自分を表現したい」って。……でも無理なの。わたしには無理なんです!!

支配人 無理？　何がですか？

茉莉 ……「自分を出す」ってことがです……。だってわたしには、飢え死にしてもいいって言えるほど信じられるもの……個性なんてないんだから。

支配人 個性がない？

茉莉 わたしが初めてイラストをほめられたのは、高校2年のときだった。わたしは絵を描くのが好きで、いつも教室でノートに何か描いてました。ある日、突然、クラスの派手な女の子から「絵、うまいね」って言われたんです。ふだんわたしとは口もきかないようなグループの子だったから、すっごくうれしくて舞い上がった。「ああ、こんな、何の取り柄のないわたしも、絵があれば生きてていいんだ」って思えたんです。

支配人 それが、あなたがイラストを描き続ける、原体験になっている？

茉莉 そうです。だけど、いざイラストレーターになろうとしたら、絵がうまい人なんてバカみたいにたくさんいました。なんなら、「うまい」なんて最低限の条件だった。もう「モンブランには栗を使う」ってくらい、基礎の基礎。それより大事なのは「あ、この人の絵だ」ってわかるほどの強い個性を出せるかどうか、だった。編集者からも「うまいけど、これといった特徴がないね」って言われて。だから何度も修正されて……。

支配人　自分の「色」がない人間は、この世にいません。

茉莉　え？

支配人　色……おそらくこれは、あなたが個性と呼んでいるものと同じです。それは、すべての人間の内側に存在するものです。

茉莉　あはは！　それって「あなたは世界で一人だけの尊い人間です」とかいう、甘ったるい励ましか何かですか⁉　わたし、そういうの嫌いなんです！

支配人　いいえ。これは単なる事実です。わたしは別に、あなたを励まそうとしているわけではありません。

茉莉　……！

支配人　いいですか。あなただけが持つ色というのは、あなた自身にも見えないくらい何層も深く奥に眠っている、唯一無二のものです。あなたはそれを突き詰めてこなかったから、「わたしには個性がない」と勝手に決めつけているだけではないですか？

茉莉　突き詰める？　あの……、それって「自分探し」みたいなことですか？　そういうよくある若者の「お悩み解決話」って、うんざりなんです！

支配人　どうとらえていただいてもかまいません。しかし、自分だけの色とは、決して才能などという言葉で片付けられるものでも、雰囲気で見つけられるものでもありません。今まで行ったこともないような地中深くにひっそりと眠っていて、見つけるのにものすごく労力のかかる、純度の高いものなのです。

茉莉　わたしだって、別に雰囲気で見つけようとしてるわけじゃ……。

支配人　色……。この言葉はいささか誤解を招くかもしれません。明確に表せるものではないのですが、どうしてもその人が「美しい」と感じ、心が震えてしまうもののことです。その人が独自に感じる、「説明できない美」と言い換えましょう。**わたしたちには、どんな人でも必ず一人ひとりが感じる「美」が備わっている。**

茉莉　一人ひとりの「美」って……。子どもの道徳の授業じゃあるまいし。

支配人　陳腐に聞こえますか？　あなたがしっくりくるなら「美」でも「色」でも「個性」でもなんでもかまいません。どちらにしても、本来は言葉にできない概念です。しかし、水も入れ物に入れないと飲めませんから、いたしかたない。いずれにしても、あなたが体感するしかないことなのです。

茉莉　じゃあわたしにもそれが……「説明できない美」が、備わっているっていうんですか？

支配人 もちろんです。写真家の彼もあなたのように、自分の「美」を見つけられず悩んでいました。無数にいる写真家の中で、自分にしか撮れない写真とは何なのだろう？　自分が心から美しいと感じられる写真とはどんなものだろう？　とにかくもがき、苦しみ、毎日たくさんのものを見て、吸収して感じようとしていました。

茉莉 そのときに「飢え死にすればいい」って言われたんですか？

支配人 そうです。彼は言っていました。自分は何を恐れていたのか？　と。もともと彼が写真を撮りたいと思ったのは、あなたがあの画集を見たときと同じように、とある絵を見たからなのです。

茉莉 そうなんですか？

支配人 はい。その絵を見たとき、彼の心は震えました。自分もこんなものを作りたい。こんなふうに心が震えるようなものを作りたいと思った。とてもシンプルなことです。いてもたってもいられなくなった彼は、必死に写真を撮り始めた。そしてそれが、少しずつ、なんとなく「仕事」になっていった。しかし、いつの間にか「売れなければいけない」「安定した収入を得なければいけない」「人から認められなければいけない」そういった言葉が彼を支配し始めた。自分でも気づかないうちに「好きなこと」と「売れること」がすり替わってしまっていたのです。それが、「どんな写真を撮ればいいですか？」という質問になってしまった。

茉莉 そこで「飢え死にすればいい」って言われちゃった……。

支配人 はい。その問いによって彼は、徹底的に自分に向き合うことになります。そこからが、彼のほんとうの苦しみの始まりだったのです。

館内の明かりが消えた。

どこからか、ざわめきが聞こえる。

前方の舞台が明るくなり、大勢の人が行き交っているのが見えた。

何か、お芝居が始まったようだ。

海外の駅にある、ニューススタンド。

雑踏の中の簡易的な屋台に、所狭しと何百もの雑誌が並べられている。

そこに一人の男が立っていた。

目は血走り、クマがどんよりと垂れ下がっている。

突然、誰かの声でモノローグが入った。


「信じるもののために、飢え死にすればいい」と言われてから数か月が経っていた。

あのとき、俺はたしかにそのとおりだと納得した。いや、納得したというよりラクになったのだ。

「食っていかなければならない」という呪縛が「飢え死にすればいい」というまじないによって、消えてなくなった。

そんな簡単なことになぜ俺は気づかなかったのか？　恐怖が俺を極めてダサ

い人間にしていたということだろう。

しかし、それは単なる入り口に立っただけのことだった。

「飢え死にすればいい」

その次に、もっとも重要な問いが待っていたのに、俺はそれに答えられていなかった。

「じゃあ、何のためだったら死ねるのか?」

来る日も来る日も、その答えを探した。俺はどんな写真が撮りたいのか? 何を作り出したいのか? そもそも、俺の内側は何を求めているのか?

こんな単純な答えがなぜ見つからない?

世界のどこかに宝探しに行くわけではない。今ここにいる自分の中にあるはずの答えを見つければいいだけなのに、なぜ、こんなに苦しまなければならないのか? それこそ死んでしまったほうがラクに思える。


男の眼光は、煙が出そうなほど鋭く、ずらりと並んだファッション誌を射抜

くように凝視している。
そのうち、目についたものを手に取り、パラパラとめくり始めた。

このカメラマン、次はこんなライティングをやっているのか。
どんな機材を使っているんだ？
この構図は珍しいな。
この肌のトーン、最近流行ってるよな。
ん？

彼は、ふと何かに意識を奪われたようだった。
引きずられるように、目線が壁の斜め上に向かう。

そこには、無数のポルノ雑誌が並べられていた。

なんだ、エロ本かよ。

そして男はまた、ファッション誌の立ち読みに戻った。

しかし、何かが問いかけた。


ちょっと待てよ……。

俺なんで今、あっちを見たんだ？　別にエロ本見たかったわけじゃないよな。

なのに、なぜ、見たんだ？

それもなんでエロ本なんだ？　ほかの雑誌もたくさん壁に置いてあるのに？

裸の写真が見たかったってことか？　いや、そもそもそれが裸の写真だとわかってなかったし、よく見たらゲイ雑誌も交じってる。俺、男に興味ないし……。


つまり、そっちを見たいわけではないのに、意識が勝手に引っ張られたってことだよな。

どういうことなんだ？


男の中に何かが光った。

この理屈はわからない。でも、もし同じことが俺の写真でできたら？

道ゆく人を俺の写真の前で立ち止まらせられるってことだよな！

雑誌をパラパラめくってる人の手を、俺のページで止めることができるってことだよな！

男は、雑誌をスタンドから引き抜き、大量にレジに持って行った。

その数は十数冊にも及んだ。

黒いエプロンをつけた女性店員は、訝《いぶか》しそうに男性を見つめながらレジを打った。

カッコつけてる場合じゃない。

＊

暗転し、場面が切り替わった。

家の中のようだ。

さっきの男がソファに腰掛け、真剣な顔つきで、買ってきたばかりの雑誌をめくっている。

しばらく考え込んだ彼は、雑誌を床に並べ始めた。

床一面に敷き詰められたポルノ写真を、腕組みして、じっと見つめる。

肌を露出した笑顔の女性。派手な衣装。どぎつく彩られた飾り文字。

今誰か部屋に入ってきたら、間違いなく「変態」と思われるような光景だ。

これって何なんだろう？

どうして、こんな下品な写真に反応したんだ？　何が俺の目を動かしたんだ？

男として、性的に「女性」という対象に反応しているだけなのか？

胸や尻という「形」に反応しているのか？

突然、男は引き出しからハサミを取り出し、ポルノ雑誌を切り刻み始めた。写真はみるみるうちにただの紙片になってゆく。もとが女性だったのか男性だったのかもわからなくなる。胸も尻も顔も脚も何もかもが、その輪郭を失ってただの質感となって床に広がっていた。

男はふたたび腕組みをすると、その紙片の絨毯を見つめた。

こんな状態になっても、何か「普通」と呼ばれるものとは違う圧を感じる。

何が違うんだ？

もしかして……。

男はポルノ雑誌の残骸から目を離し、部屋の隅のほうをにらみ見た。

そして今度は、そこに山積みにされていた大量のファッション雑誌を切り刻み始めた。

それらを別の場所に広げると、切り刻まれた二種類の紙片の絨毯《じゅうたん》を見比べた。

そこで認識できるものは、もはや「色」でしかなかった。

全然違うじゃないか。ファッション誌はどこか理知的で冷たい。色で言ったら青。

でもポルノのほうは、もっと本能的で温かい、いや「熱い」と言えるだろう。

色で言ったら……赤。

ハッとした彼は、急いでコンピューターの前に座った。

カチカチとマウスをクリックし、画面上に、ある写真を開く。

そこには、仁王立ちしてこちらをにらんだ、一人の女性がいた。

彼は何やら、グラフのようなものを画面上に出し、その数値をいじり始めた。
すると、写真がどんどん赤みを帯びていく。

9・6……9・7……。

このあたりに、何かある。

9・75……9・76……。

でも、まだこれではない……。

彼は、さらにさまざまな操作を繰り返した。
そのうち女性の体は赤く発光し、サテンのドレスは光沢を増していった。
それがしばらく続いたあと、劇場に歯切れのいい

「カチッ」

という音が鳴り響いた。

体の芯からゾクッとした波が訪れた。
何かのチューニングがぴったりと合ったような感覚だった。
それは理屈で説明できるようなものではなかった。

ちょっと待て、この色って……。

男は本棚に向かった。そこにある無数の重たい美術書を、かたっぱしからめくり始めた。いわゆる、宗教画と呼ばれるものだった。
そして、とあるページで男の手がぴたりと止まった。

イタリアの画家、カラヴァッジオの絵だった。
女性の写真とは違うが、どこか同じようなトーンがそこにはあった。

なんてことだ……。こんな簡単なことだったのか？　俺が探していたものは、ほんとうに俺の中にあったんだ。

そもそも、これがすべてだったじゃないか？　お前はもともと絵画が好きだった。それも宗教画が。

誰にも説明できない興奮がそこにはあって、お前は美術館でいつまでもこれらの絵を眺めていたじゃないか？　好きすぎて、高校生のとき、何度も模写していたじゃないか？　それなのに……。

男の目から、ポロポロと涙がこぼれた。唇を噛み、苦しそうな表情で絵を見つめている。

俺は自分を否定していたんだ。こんなものは古い、今は流行らない、人に認められるものを、今流行っているものを、今売れるものを、俺が有名になれるものを、そんなくだらないものを追いかけて、自分の心を一番動かしてくれるものを否定していたんだ。

俺は、ただただ、自分がもっとも感動するものを、写真の中で表現すればいいだけだったのに……。

深い息を吐き、美術書を閉じた男は、ふと部屋の窓を見た。そこには月が静かに輝いていた。

なんてきれいなんだろう。こんなところにも、ずっと美しいと思っていたものがあるじゃないか。

明日昇る太陽も、それが照らす空も、そこに浮かぶ雲も、そしてその太陽が沈むときの夕焼けも、子どものころからずっとそこにあって、お前はそれをいつまでも見つめていたじゃないか？　美しいと感じていたじゃないか！

それなのに、人が勝手に作り出した業界というもの。そしてその理屈、ジャンル、評価といった情報のほうに振り回されて、自分が感じる美よりも、情報のほうを信じてしまっていた。

そのおかげでお前はどれだけ苦しんだんだ？　そこにどんな美が存在してい

たというのだ？

男は、鏡に映る自分を、慈《いつく》しむような目で見つめた。

もう迷うことはない。これからは自分の心が震えるものしか生み出さない。

人から何と言われようと、たとえすべてを失おうと、飢え死にしようと……。

自分の信じるものしか作らないし、信じたことしかやらない!!

舞台の照明が消えて、劇場が明るくなった。

▲何が下品で、何が高尚なのでしょう

茉莉　え、これって……。

支配人　ええ、あの写真家が、自分だけの「美」を見つけた瞬間です。

茉莉　こうやって、あの写真家独特の世界観が生まれたってこと……？

支配人　はい。これを見た方の中には「そんな大げさな」「そうまでしなくても見つかるんじゃない？」と思う方もいるかもしれません。しかし、「これだ」と信じられるものというのは、まわりから見ても意味がわからないほど混沌とし、頭がおかしくなるほどのプロセスを経て、やっとたどり着ける場所にしかありません。そうして見つけたものが「個性」とか「世界観」と呼ばれているだけです。

茉莉　でも……なんだかんだいって、この人が惹かれたのって、ただのポルノだったんでしょう？

支配人　ただの？

茉莉　だって、ポルノ雑誌って、なんていうか……。

支配人　下品で汚らわしい、ですか？

茉莉　まあ、そうですね。奥深くに潜ってまで、そんな破廉恥《はれんち》なものに行き着くなんて。まあ、宗教画との共通点を見出したっていうのが、すごいってことなのかもしれないけど……。

支配人 そこが重要なところなのです。

茉莉 え、どこ？　どこが重要なの？

支配人 あなたは今、線引きをされた。ポルノは下品、宗教画は高尚という線引きを。

茉莉 でも、実際そうじゃないですか？　その二つって、対極にあるものでしょう？

支配人 ほんとうにそうでしょうか？　そもそも、何が下品で、何が高尚なのか、誰が決められるのですか？　それ以前に「ポルノ」「宗教画」「ファッション写真」というような、いわゆるジャンル分けという線引き自体が必要なのでしょうか？

茉莉 え？　普通必要じゃないですか？　そういうジャンル分けがなかったら、世の中わけわかんなくなっちゃうと思いますよ？

支配人 どうして、わけがわからなくなってはいけないのでしょう？

茉莉 え？　だって、わけがわからないと、何かと困ると思いますけど……。

支配人 もちろん、線を引くことによって「わかりやすくなる」というメリットはあると思います。しかし本来であれば、芸術とは何の線引きもなく、自由で、おおらかで、人々にさまざまな新しい視点、考え、価値観の可能性を提示するカオスなものです。それなのに、いつのころからか、その可能性の追求よりも、どうやってお金を生み出すのか？　という商業側の考えが強くなり、「わけのわからないもの」だとお金を生みにくいために、「業界」というわかりやすい区切りができてしまった。

茉莉 でも、商業がなかったらどうやってわたしたちはお金をもらって生活するんですか？　それこそほんとうに「飢え死に」しちゃうじゃないですか。

支配人 茉莉さん、考えてもみてください。そもそも、お金を儲けたいのなら、芸術の世界でなくても、もっと効率のいい仕事はたくさんあるのではないですか？　**あなたの目的が「食べていくこと」なら、そのための手段は何も、好きなことでなくていいはずです。**

茉莉 そんなこと言われたって……。

支配人 もちろんわたしは商業を否定しているわけではないし、業界というものを否定しているわけでもありません。しかし人というのは、本来の目的を忘れて「業界」というものに支配されてしまうのです。写真家の彼もそうでした。彼がもし「ポルノは下品だから排除する」と思い込んだままだったら、あの世界観にたどり着けなかった。

茉莉 そんなの……わたしには思いつけないですよ！　あの写真家の人はどうせ、そういう勘がよかったんです。

支配人　いいえ。あの写真家も最初はあなたと同じように「線引き」をしていたから、すぐに答えが出せなかったのです。そもそも、業界、会社、政党、宗教団体などのありとあらゆる集合体は、遅かれ早かれ、その組織の存続自体が最重要事項になるものです。それゆえに「売れるものを作らなければならない」という思い込みが生じてしまう。そして作る側も、その理屈に染まっていってしまう。そうやって人は自分自身を押し殺すようになっていく。自分ではそうなっていることに気づかずに……。あなたも、そうではないですか？

茉莉　そりゃあ、売れるものを作らなきゃいけないのは当然じゃない。需要がないところで描いてたって意味ないもの。

支配人　意味がない。それは、自分が作りたいものを作るため**で**は**な**い**で**すよね？　その業界という小さな世界の中でどう評価されれば安心できるのか？　という考えがすべてになり、知らず知らず、その世界の理屈にコントロールされてしまっている。

茉莉　わ……わたしがコントロールされてるって言いたいんですか？

支配人　ええ、その自覚がないままに。しかし写真家の彼は、そのことを自覚したとき、こう決めました。「コントロールされるのではなく、自分がコントロールするのだ」と。


芸術。業界。コントロール。

「業界に支配されている」と言われても、一昔前のゴシップ記事のようでピンと来なかった。しかし、茉莉は自分の「イラストレーター」という業界の中で必死に抜きん出ようとしている野心を、どう扱っていいかわからなかった。

小さな山で、前の人を引きずり下ろして必死に上に登ろうとしている。そんなアリのような自分を引いた目で見て、どこか情けなく感じた。しかし、社会というのはそういうものだという「常識」からは「その姿を肯定せよ」と言われているような気がした。


茉莉は、一息ついて天井を見上げた。

思ったより天井の高い劇場だったが、古ぼけた木目までよく見えた。

彼が目指したものは「これまで見たことがないもの」だった

茉莉　自分がコントロールするって？

支配人　つまり、業界の枠の中で評価されようとするのではなく、自分が業界を動かすほどの存在になる、ということです。ですから彼は、自分の信じるものしかやらない、と決め、外部の価値観をいっさいシャットアウトし始めました。

茉莉　いっさいって、人の言うことをまったく聞かないってことですか？　それってあまりにわがままじゃないですか！

支配人　たしかにそうですね。しかし、そもそも芸術に民主主義が必要なのかさえ疑わしいものです。ある人が「これがいいんだ！」と思ったものをただ表現する。それが芸術であるはずです。その表現の形を、他者の論評に沿って変えさせる必要があるのでしょうか？

茉莉　それは……芸術ならもちろんそうかもしれないです。でも、クライアントがいる仕事でそれをやっちゃったら、ダメじゃないですか？

支配人　しかし彼は、写真のテーマ、スタイリング、ヘアメイク、撮り方だけでなく、モデルの肌の色や、服の色さえも自分が思った色に表現し始めました。クライアントから「服の色が違う」「顔が見えない」と怒られてもいっさい変更しなかった。

茉莉　えっ？　そんなの怒られるに決まってるじゃないですか！　だってファッション誌って、服をよく見せて、その服を売るための装置でしょう。その服の色を変えるなんて許されるわけないのに……。

支配人　もちろん単に「依頼が来たから応えた仕事」ととらえれば、そうかもしれません。しかし彼にとっては、それらのイメージは依頼主のものではなく、自分のものだった。それ以前に、写真でもなく、絵画でもなく、ただ平面に表現される、一つのイメージであると考えた。それを「服がよく見えないから」「顔が見えないから」と曲げてしまったら、もう自分のものではなくなるわけです。自分勝手と言われようが、めちゃくちゃだと言われようが、彼はその「色」を守り通した。

茉莉　なんかかっこいい風に言いますけど、でも、お金出してるのはクライアントなんだから……。

支配人　もちろんそうです。だから怒り出すクライアントもたくさんいました。それでも彼は戦い続けました。彼は「食べていくために写真を撮っているわけではない」と決めたのですから、怒られようが、仕事をクビになろうが、たいしたことではなくなっていた。事実、クライアントと意見が合わず、現場から立ち去ったことが何度もあったようです。

茉莉　えええ！　それ、生意気だって思われちゃったんじゃないですか？　さすがに乱暴すぎですよ！

支配人　たしかにあなたのように、彼の生き方を「乱暴」と表現する方もたくさんいるでしょう。事実、そのスタンスのせいで、彼が失った仕事の数は膨大なものでした。「二度と仕事しない」とか「出入り禁止」と大勢の人に言われたそうです。

茉莉　そりゃそうでしょうね。わたしがクライアントだったら同じこと言うと思いますよ。

支配人　しかし、ここからがおもしろいところなのです。その後「二度と仕事をしない」と告げたクライアントの数と同じくらい、いや、その何倍もの数の**新しいクライアントが「一緒に仕事をしたい」と仕事のオファーをし始めたのです。**

茉莉　え！　どういうことですか？

支配人 そもそも彼がぶつかったクライアントとは、どういう人たちだと思いますか？

茉莉 うーん、とにかく『商品が売れる』ってことを求めてた人たちじゃないですか？ あとは、無駄なリスクを負いたくないとか？

支配人 そう、つまり、これまでのやり方で「売れた」と思われるもの、無難でとくに批判もされない「これまで見たようなもの」を欲しがる人たちだったのです。しかし、彼が目指したものは「これまで見たことがないもの」「自分自身が心から美しいと感動できるもの」だった。

茉莉 そんなの、根本から違うんだから、うまくいくはずないでしょう。

支配人 そうなのです。どれだけ話し合っても平行線。ですから「見たことあるようなものだったらほかの誰かにやらせればいい」というのが彼の口癖でした。事実、現実はそのとおりになっていったのです。

自分には「ない」と思っていた個性というのは、ここまでして必死で見つけ出すべきものなのか。

そして、その個性というのは、ここまでの覚悟を持って守るべきものなのか。

茉莉の頭に浮かんだのは、自分が立ったますますっぽりと埋まりそうな、深く暗い穴だった。

手は爪の隙間まで泥だらけで、体はじっとりと汗ばみ、どこかから湿っぽい土の匂いが漂ってきた気がした。

茉莉は思わず、自分の腕をさすった。

甘かった。自分の甘さが、全身にふりかかってくるようで痛かった。

▶「成功」というものを信じていない

支配人　そこからです。彼の仕事に火がついたのは。
茉莉　そこから？
支配人　はい。そこから、どの仕事も自分に嘘をつく必要がなくなり、同じ志を持ったクライアントやスタッフと一緒に仕事ができるようになっていった。それどころか、「食べていけない」と言っていたのが信じられないくらい、大きなお金が入ってくるようになった。

茉莉 はぁ。なんだかんだ、あの写真家さんは結局、成功してるんですよね。反発する人がいても、結局世の中に受け入れられてるんだもの。

支配人 今あなたは「成功」……とおっしゃいましたが、彼はその「成功」というものを信じていませんでした。

茉莉 信じなかったって……まぎれもなく成功者じゃないですか？

支配人 「成功」というものは、あくまでも社会が決めた一つの「状態」にすぎないものです。彼にとって、その「状態」にはとくに意味がなかった。

茉莉 だったら、何に意味があるっていうんですか？

支配人 あくまでも彼にとっての答えですが、「自由」です。

茉莉 自由？

支配人 はい。その後の彼は、自由になるために、すべての枠組みを拒み始めたのです。まずは写真という枠組みから抜け出し、ミュージックビデオ、映画、演劇、ありとあらゆる可能性に身をゆだねていきました。

茉莉　でも写真の世界で成功できても、映像とか演劇は、全然違うものでしょう？　それなのにうまくいくなんて……。

支配人　果たしてそうでしょうか？　写真というものが彼の「美」を平面に閉じ込めたものであるとしたら、ミュージックビデオや映画もまた、彼が「美しい」と思うものを動画の中に封じ込めただけのものです。そこに、何も違いはありません。

茉莉　いや……言いたいことはわかりますけど、そもそも最初は写真家だったんだから、映像なんて撮ったこともなかったんでしょう？

支配人　おっしゃるとおり、彼は映像に関してまったくの素人でした。構成、演出はもちろん、機材の使い方も、スタッフの集め方も、何一つわからなかった。

茉莉　そんな状況で……、どうやって映像を撮れるんですか？

支配人　普通はそう思うかもしれません。しかし素人だったとしても「自分はこんなものが見たい」「こうなったら自分はきっと興奮する」という「感情」に向き合うことはできますよね？　見る側の視点に立てば。

茉莉　まあ、お客さんとして「これが欲しい」みたいなことなら、なんとなくはわかるかもしれないけど……。それでも、機材とか、技術的なことがわからなかったら、作れないんじゃないですか？

支配人　「わからない」という現象は、あなたの単なる思い込みにすぎません。

茉莉　え？　わからないものはわからないでしょう？

支配人　いいえ。わからないことがあれば、わかるまで調べればいいし、誰か知っている人に聞けばいい。あなたが生きている現代というのは、インターネットやテクノロジーの進歩により、ありとあらゆる情報に瞬時にアクセスすることができます。つまり、この世界で「知らない」ということ自体がありえないことなのです。

茉莉　そりゃあそうかもしれないですけど、素人がいきなりってそれはさすがに……。

支配人　あなたはいったい何に遠慮しているのでしょう？　これは何か新しいことを始めたいとき、サービスや事業を生み出したいときでも同じです。機材の使い方がわからない？　調べればいいだけです。**「とりあえず学校に通って……」などと迂回するようなことをするから、いつまでも実際の行動につながらず、準備のための準備が始まってしまう。**しかしほんとうに試したことはあるのでしょうか？　手足を動かし、勇気を出して、一つひとつ形にしていったことがあるのでしょうか？　「できない」とは、単なる思い込みではないでしょうか？

「そんなことができるなんて、才能があるからじゃない」

茉莉は、またそう思いかけて頭を振った。

「才能」や「センス」という言葉で、成功した人を区別するのは、あのお芝居を見たあとでは、どうしても滑稽に思えたからだ。


しかし、一つだけひっかかっていたことがある。

天才と凡人に違いがあるとすれば、それは「自分を押し殺すことができるかどうか」だと彼は言った。

茉莉がどうしても自分を押し殺してしまう理由。

それは結局、「あるもの」が足りないからだった。

それは「自信」ではなく「権威」です

茉莉　でも……。

支配人　でも、何ですか？

茉莉　あの写真家の人は、ほんとうにすごいと思います。でも……彼にはどうせ、自信があったんですよ。だから行動して、戦い続けることができた。いるじゃないですか？　根拠のない自信が生まれつきある人って。でもわたしは、そんなふうに自分に自信が持てないんです……。

支配人　自信？

茉莉　そう。自分の作るものに自信がないから、自分が描きたいイラストなんて見つけられない。だから人のイラストを盗むなんてひどいこと……。今思えば、それって人が必死で見つけたその人独自の「美」を利用してただけだった。最低ですよね。もう、わたしに絵を描き続ける資格なんてないのかも……。

支配人　あなたはそもそも、自信とは何だと思いますか？

茉莉　え？

支配人　あなたが子どものころには、「自信」という言葉すら知らなかったはずです。

茉莉　それは、そうですけど……。でも、今のわたしには自信が必要なんです。それがないから、どうしても踏み出せないんです……。

支配人　あなたが「自信」と呼んでいるものは、おそらく「権威」のことです。

茉莉　けんいって……えらい人の、権威？

支配人　はい。「有名である」とか「部長である」とか「東京大学卒業」とか、そういった社会から発せられた何らかの経歴・肩書き・承認が根拠となっているものが「権威」です。**権威を求め、自分の評価を人にゆだねているときに、人は「自信がない」と言いがちです。**

茉莉　じゃあわたしは、「権威がない」ことを「自信がない」って言ってるってことですか？

支配人　はい。あなたの場合、「代表作がない」とか、「人に知られていない」とか、「天才イラストレーターと言われていない」とか、そういう他人からの評価にもとづいた根拠がないことを「自信がない」と言っているだけではないですか？

茉莉　それは……。

支配人　たしかに今のあなたには、「権威」はないかもしれません。しかしそれは、ただ客観的に見て、とくに肩書きがない、という事実があるだけで、とりたてて嘆くことでも、落ち込むことでもない。

茉莉　落ち込まなくていいって言われても……。それで「はいそうですか」って言えると思います？

支配人　もちろん、どう思うかはあなたの好きにしていただいてかまいません。しかし、「自信」という言葉は本来「自分が自分を信じている」という状態をさす言葉です。それはもっと言えば、根拠があってはいけないのです。

茉莉　根拠があってはいけない……？

支配人　たとえばあなたは、モンブランがお好きですよね。

茉莉　ええ……好きですけど？

支配人　あなたのご実家の最寄り駅の、老舗洋菓子店の看板モンブラン。

茉莉　ああ、小さいころからよく食べてます。

支配人　あのモンブランのことを、心から好きだと思っている。

茉莉　それは、そうですけど……。

支配人　あのモンブランをわたしが否定したとします。「あのモンブラン、有名でもないし、グルメサイトでも評価が低いじゃないか」「どこにでもある普通のモンブランだ」。

茉莉　いやいや、普通のモンブランって言いますけどね、あのクリームの質感とか、ほどよい甘みとか、栗の固さとか、あそこまで絶妙なモンブランはないんです！

支配人　有名じゃなくたって、わたしが好きならいいじゃないですか！

支配人　そう、あなたはあのモンブランを「好き」である。でも、その「好き」に何らかの根拠はありますか？

茉莉　根拠？　そんなの……ないですけど……。

支配人　そうでしょう？　あなたは、好きなモンブランについては、そこまで強く「自信」が持てる。ほかの人に何と言われようと、有名であろうとなかろうと、あのモンブランは「好き！」と言い張れるわけです。

茉莉　あ……。

支配人　感覚的なことに根拠がないのは当然です。数値化できず、目に見えないのですから。だからこそ「なんだかわからないけれど、わたしはどうしてもこれが好き！」という感覚を信じてあげられるのは、自分だけ。つまり「自信を持つ」ことに関して、自分以外の判断はいっさい関係ありません。

茉莉　だから、自信に根拠なんてなくて当然ってこと……？

支配人　はい。しかし根拠が必要だと思ってしまっているから、何かとわかりやすい「評価」を身につけないと不安になってしまうのです。

茉莉は、これまでことあるごとに「自信がない」と言っていたことに気がついた。新しい媒体に営業するときも「どうせわたしなんてダメだろうな」と思って、二の足を踏んでいた。しかしそもそも自信には根拠がないのだ。それはつまり「どうせわたしなんて」と思うことにも根拠がないということ。同じ根拠がないなら、好きなほうを信じてしまったほうが、ずっとラクなはずなのに……。

ドリンクホルダーに手を伸ばすと、今度は指の腹になぜか角が当たった。今度は切子のグラスに変わったらしい。細かく入った模様は、自分がこれまで負ってきた傷跡にも思えてくる。

鮮やかな青のそれは、薄暗い空間にキラキラと控えめな光を放っていた。

▲自由とは、自分が自分に正直であること

茉莉　あなたが言ってること、理屈ではわかる。わかるんです。だけど、すぐに自信なんて持てるわけないじゃないですか……。

支配人　そもそも自信が持てればすべて解決するのでしょうか？

茉莉　それは……。

支配人　茉莉さん、とにかく自由になってください。

茉莉　……自由……。

支配人　ここまでいろいろお話をさせていただきましたが、結局すべては、あなたに自由になってもらいたい。ただその一点だけなのです。

茉莉　そりゃあわたしだって自由になりたいですよ。でも、そんなに簡単になれるんだったら、とっくに自由になってますよ！

支配人　わたしは、自由というのは、「自分が自分に正直でいられる状態」だと思っています。

茉莉　え……？　正直？

支配人　つまり、**あなたがあなた自身をごまかさず、嘘をつかないでいられることが「自由」**だということです。

茉莉　自分に嘘をつかないって、なんかそんな、どっかの歌詞みたいなこと言われても……。だいたいわたし、嘘なんてついてませんから！

支配人　自覚のない嘘というのもあるのです。たとえば、自分ではいいと思っていないのに「こういうものが売れているから」「最近の流行りだから」といって作品を作ったり、人の意向に無理やり合わせたりするのは、まさに自分に嘘をつく行為です。そんな状態を続けていて、ほんとうに自分の心を震わせるものが何か、わかるわけがありません。そればかりか、自分のことを好きでいられるのでしょうか？

茉莉　だけど……今の社会を生きていくためには、嘘だって必要じゃないですか！みんな、いろんなところで嘘をつくのが当たり前なのに、わたしだけ正直になったって損するだけでしょう？　やっぱり売れないと意味ないし……。

支配人　「売れる」というのは、あくまで結果論です。まず、あなた個人が持つ特有の感動、つまりあなたが独自に感じ、生み出した「美」を、一滴の雫《しずく》とします。その雫が水面に落ちて波紋を描く。それが広がっていって、人々の波形と混じり合い、ハーモニーを醸し出していく。それこそが「人の琴線《きんせん》に触れる」ということです。その水紋が大きく広がったとき、人は結果的に「うまくいった」とか「売れた」と言う。わたしたちは、そうなることを祈ることしかできません。

茉莉　そんな美しいたとえ話されたって……現実はそうはいかないですよ。そりゃあ、「純粋にがんばった結果売れた」、っていうのが理想かもしれない。だけど、じゃあ、どれだけの人がやりたいことを仕事にしてうまくいくっていうんですか？計算だって必要でしょう？

支配人　でも、もし「計算」でほんとうにうまくいくのなら、あなたの絵はもっと売れているのではないですか？　あなたはこれまで、ありったけの「計算」をして絵を描いてこられたわけですよね？

茉莉　な……！

支配人　しかし実際、あなたは売れていないと感じている。もし計算で何でもうまくいくのであれば、計算されたものはすべて売れていることになりますよね？　しかし、実際はそうではない。世の中に送り出される商品、サービスの多くは計算されて生み出されている。しかし、そのすべてがヒットしているわけではないというのは、あなたもご存じのはずです。

茉莉　じゃあ……じゃあ、何ですか？　計算しないでとにかく思いのままにやってみるだけで、ほんとうにいいって思ってるんですか？

支配人　もちろん、計算するなと言っているわけではありません。**その計算というものは、「こんなものを作りたい」という思いが先にあって、それを形にしていくときに役立つ「道具」にすぎないと言っているのです。**たとえば……そうですね。あなたの家の近所に建っている変わった形のビル、ご存じですよね？

茉莉　あの、真ん中に大きな穴が開いてる、あのビルですか？

支配人　はい。本来であれば、ビルというのはただ四角いものです。あの形である必要はまったくないですよね。

茉莉　ええ。ついついいつも見ちゃいますけど、どう考えてもあの穴、無駄ですよね。入るテナントの数も減っちゃうし。

支配人　たしかに効率という視点から見れば、無駄と言えるかもしれません。しかしあれは、「こんなビルを見てみたい」と誰かが思ってしまったから生み出されたものなのです。もしかしたら、あのビルの建築家かオーナーが、レストランで紙ナプキンに描き殴ったくらいの思いつきかもしれない。この世界の人工物のほとんどが、そのような情緒的なきっかけからできあがっています。

茉莉 あんなすごいビルが、そんな子どもっぽい理由からできてるっていうんですか？念じるだけで建物が建つわけじゃあるまいし。

支配人 そうです。そんな子どもっぽい願いを実現するためには、現実的な道具が必要です。「じゃあそのビルを作るのに、どんな材料が必要なのか？」「どんな技術が必要なのか？」「予算はいくらあれば作れるのか？」などの、具体的な計算が始まる。さまざまな人たちが集まり、設計図を作り、スケジュールを管理し、お金を管理して、ビルという物質になる。

茉莉 それで……結局何が言いたいんです？

支配人 ノコギリやハンマーのように、道具は「使う」ものであって、「使われる」ものではありません。ですから、計算ばかりにとらわれる……つまり、道具に使われてしまってはいけないということです。

茉莉 わたしが、道具に使われてるってこと？

支配人 はい。ビルを作るにしても、絵を描くにしても、たとえどんな仕事であっても、**あなた自身が、「何を見たいのか」、それが絶対的に最初でなければいけません。**もしみんなが、売れている人や新しい人の絵を盗んでしまったら、世界中の絵が同じものになってしまう。そんな世界、つまらないと思いませんか？

茉莉　それは……。

支配人　あなたには、あなたの好きなもの、あなたの色があるわけですから、「だってわたしはこれが好きなんだもん！」「これが見たいんだもん！」との確信に沿って動けばいいのです。

茉莉　だから、そんな考え子どもじみてるってば！

支配人　そのとおりです。その子どもじみた、正直な心が失われてしまうから、あなたは苦しんでいるのではないですか？　社会や慣例といった他人が求める姿を演じるのではなく、もっとしなやかでみずみずしいあなた本来の姿がある。それを取り戻したときに、自由が訪れるのです。自分を、無駄に否定するのはやめませんか？

子どものころ、留守番の時間を持て余していた茉莉は、チラシの裏にひたすら絵を描いていた。

桃色の馬。銀色の鳥。虹色のうさぎ。森には見たこともないふしぎな動物が潜んでいて、真っ青な空には太陽が輝き、雪が降っている。

茉莉にとって、そんな想像の世界を描いている時間は、何よりしあわせだった。
しかしその絵を見た保育園の先生から「馬は茶色じゃない？」と指摘された。
友達からは「この動物、何？」としかめっつらをされた。
「晴れてるのに、雪降ってるなんておかしいよ」と笑った子もいた。

そうだった。
いつまでも、誰からの評価も気にしない、子どものままではいられないのだ。
それが現実というものなのだ。

▲わがままになる努力

茉莉　わたしは……わたしはもう、子どもじゃないんです！　そんなに簡単に自分を変えられるわけないでしょう？　いくら努力したって、どうせ無理なんです

支配人 ……。

茉莉 そうでしょうか？　わたしは先程「あなたがしていない努力が、もう一つある」と言いましたね。

支配人 わたしが自分のほんとうに描きたいものに、全然向き合ってないって言いたいんですよね？

茉莉 はい。向き合うために必要な努力。それは何だと思いますか？

支配人 もったいぶらないで教えてください……！　何？　何が足りないっていうんですか？

茉莉 **わがままになる努力です。**

支配人 え？　わがままになる努力？

茉莉 はい。人は往々にして、わがままという言葉にネガティブなイメージを持ちがちです。いや、子どものころに「わがままはダメだ」と教え込まれている。だから、自分がほんとうに喜べることにフタをして、人の目を気にして、まわりの人間と同じようなことをしようとする。誰もそんなことに喜びを感じていないのに。

支配人 でも、みんなが自分の好き勝手に行動したら、この社会は成り立たないですよ！

支配人　果たしてそうでしょうか？　もちろん人を傷つけてしまう行動は考えものです。しかし、「自分の心が欲しがっているもの」に耳を傾けて行動することの何がいけないのでしょうか？　これもあなたの勝手な思い込みではありませんか？

茉莉　そんな無責任なことばっかり言わないでください！

支配人　あなたは何を恐れているのですか？　この問いにあなたがいまだ一枚も自分が描きたい絵を描けていない理由が潜んでいるとしたら、どう思われますか？

茉莉　……。

支配人　じつは写真家の彼の話には続きがあるのです。彼が窓の外の月を見たシーンを思い出してください。あのとき、彼は自分がとても狭い世界に閉じ込められていたことに気づいたのです。

茉莉　狭いって？

支配人　世界は無限ともいえる美を提供してくれている。それなのに他人が作った、カテゴリーやジャンルという牢獄に閉じ込められていた。それもみずから進んでその牢獄に入っていたと気づいた。そこで彼は自分に問うたのです。「なぜそんなものに自分が縛られていたのか？」「なぜ自分は自由というものをみずから放棄してしまっていたのか？」「そもそも自由とは何なのか？」と。

茉莉　それで「自由とは、自分に正直である」って答えが出たんですか？

支配人　そうです。だから彼はまず、自分に徹底的に正直になる覚悟を決め、そうなれるよう必死に努力をしたのです。つまり、自分の中に存在する欲望を見つめ、その欲望に忠実に行動し続けた。**たとえそれが社会的にタブーといわれていることであろうと、人が眉をひそめるような行動であろうと。**

茉莉　で……実際何をしたんですか？

支配人　最初は他愛もないことです。行きたいと思っていたレストランに行って、食べたいと思った食事を思う存分味わったり、連日これ以上飲めないと思うほどの酒を飲み、気がついたら公園で目を覚ましたり。

茉莉　ちょっと待ってください。そんなの、どこが努力なんですか⁉　思う存分遊び惚けて、それが努力ならわたしだってやりますよ！

支配人　でも、あなたはそれをやっていない。

茉莉　やろうと思えばできます！

支配人　では、あなたが好きなモンブランを、食べきれないほど食べたことがありますか？

茉莉　そんなことしたら太っちゃうじゃないですか！

支配人 では太ってみればいいではないですか？　太るかもしれないし、太らないかもしれない。そもそも太っていてはダメだというのは誰の考えですか？　それはあなたの考えなのか、社会の考えなのか？

茉莉 そんな……そんなの詭弁《きべん》です！

支配人 行動がともなっていない想定こそが、詭弁というものではないでしょうか？

茉莉 な！

支配人 とにかく、彼はありとあらゆる欲望を追求した。行きたいと思った場所が、たとえどんなに遠くて危険だといわれている国でもそこに行った。その欲望が性欲の場合は、それがどんなセックスなのかということすらも正直に追求した。「そんなのくだらないことだ」と頭が思っていても、すべて行動に移して体験したのです。ときには行き着いた先に暴力が待っていることもありました。骨が折れる音とはどんな音なのか、気絶してコンクリートに頭が打ちつけられるときに響く音とはどういう音なのか？　知らない場所で無一文で目を覚まし、知らない人から助けられるときに流れる涙とはどんな味なのか。

茉莉 いい加減にしてください！　そんなことをしたからって、わたしがほんとうに描きたい絵が見つかるなんて思えません！

支配人　果たしてそうでしょうか？　**「こうしたいと思ってしまった」ことを、何一つごまかさず、すべて実際にやってみるのです。**たしかに、その作業は思いのほかつらく、七転八倒するものかもしれません。しかし、そうすることでしか「嘘の自分」から逃れる方策は、この世には存在していないのです。

茉莉　だからわたしは別に、嘘をついてるわけじゃ……。

支配人　**嘘の自分とは、あなたが思い込みで引いてしまった線に閉じ込められた、あなた自身です。**そもそも、あなたの内側にも外側にも、物事を分割する線は存在しないのです。だから、今すぐ、すべての線引きから解放されていいのです。

茉莉　だけどわたしなんかがそんなわがままに振る舞って、ほんとうにいいんですか？　うまくいかなかったら、どうしてくれるんですか!?

支配人　たしかに好き勝手する姿は、人から見たら「狂ってる」「バカみたい」と言われて笑われるかもしれません。しかし始める前から取り掛からない理由を考えたり、途中であきらめたりするのではなく、この世界にあふれている、ありとあらゆる可能性を味わい尽くすだけの強さが、あなたにあることを知ってください。自分を、信じてあげてください。

茉莉　そんなの無理です……。そんな極端なこと、わたしなんかにできっこありません！

支配人 あなたがどうするのか、わたしにはわかりません。なぜならわたしが知っているのはあなたの過去のことだけで、未来はあなたが決めることだからです。しかし、あなたは、あなたのグラスを作らなければならないのです。他人が作ったグラスに、水を入れて納得したようなふりをしてほしくない。

茉莉 別にわたしは、他人の作ったグラスばかり使ってるわけじゃない……！ わたしはわたしなりに努力してるんです！ ああ、これ以上話したって、ずっと平行線ですね……！ らちがあかない。そもそもあなたの言ってること、全然現実的じゃないんです。もういい。議論はおしまいです！ わたし、帰ります!!

●

茉莉は、ガタンと立ち上がり、同時に椅子がバタンと上がった。

支配人を振り返ることもせず、舞台の横にある入り口に走っていく。

しかし、階段を下りる途中でなぜか足元の感触がぐにゃりと歪んだ。

「あれ？」

同時に、立ちくらみのように自分の意識が混濁していくのを感じた。

立っていられなくなり、倒れてしまいそうになったとき、何かにふわりと抱きとめられた気がした。うっすら目を開けると、オレンジ色のサテンドレスを着た女性の腕の中だった。「あの、机に飾っている写真の人だ……」と茉莉はぐらつく意識の中で思った。

しかし顔をよく見ると、彼女ではない。これは、高校2年のころ絵をほめてくれた、派手な同級生だ。そういえば、今は女優になったと聞いた気がする。

「あ……」

何か言おうとすると、彼女は、あんなに強くにらんでいた目をゆるめて「ふふっ」と笑った。そして、わたしの手に何かを持たせてくれた。

それは、一つのグラスだった。わたしの手に、ガラスの曲面がやわらかくなじんだ。

手作りなのだろうか。ゆるやかに波打つその表面に触れると、握手しているような温もりを感じた。

…………………

ハッと目が覚めると、茉莉の視界を埋め尽くしていたのは、自分の二の腕だった。手の指は、グラスを手に持ったような形で固まっていた。

茉莉は息ができなくなって倒れたことを思い出した。グラスの感触を思い出せるほどリアルで長い夢を見ていたことに、奇妙な感覚を覚えた。

突然、茉莉の目に、あの写真が飛び込んできた。

自分の「色」。説明できない美。

自分自身が、何を見たいのか？

何を描きたいのか。

夢の中で聞いた言葉が、断片的に茉莉の記憶を刺激していた。

茉莉は携帯電話を取り出し、それをしばらく眺めた。

どれだけの時間が経ったろうか。何かを決意するように、近くに残っていたペットボトルの水を一気に飲み干す。

そして、ゆっくりとした手付きで担当編集者に電話をかけた。

「あの……、さっきの件ですけど、あれやっぱり、使わないでください。じつは、人のイラストを真似して描いてしまいました。ごめんなさい！」

そう伝えると、電話口で編集者が声を荒らげた。耳が痛い。いつもならここで引き下がる茉莉だが、静かに、そして強く言葉を続けた。

「あの……、こんなこと言ったあとに、ほんとうに申し訳ないんですけど、もう一度だけ、描かせてもらえませんか？　わたし、自分が絶対にいいと思えるイラストを描きたいんです。本気でやります。もしダメだったら、そのときは、仕事、切ってもらってかまいません！　ギャラもいりません！」

電話を切った茉莉が窓の外を見ると、新緑が青々とした生命力を風にたなびかせていた。

眠っている間に通り雨でも降ったのか、葉っぱには水滴がきらめいて、時折つるりと下にすべり落ちていくのが見えた。

それはとても美しく、閉じ込められていた世界を照らしてくれているような気がした。

第5話

人生をあきらめかけているあなたへ

いつも……。

わたし、とても大きなチャンスを逃したんですよ……？

プールに飛び込んだ日のこと

「結果だけがすべてじゃない」って言いたいの？そんなの、人生から逃げてる人の単なる言い訳じゃない。

夢から持ち帰れるものは、唯一、感情だけなのです。

本を読んでる間って、現実を忘れてその世界に

どうしてわた

没入できるでしょう？

キリギリス？

バカバカしい。わたし、帰ります。

その「しあわせ」は、
他人に決められた
ものではないのか。

「……」

セリフが、飛んだ。

優子は、スポットライトを浴びながら、凍りついていた。
ライトの真っ白な光が、優子の全身を煌々《こうこう》と照らしている。顔は石油ストーブの真ん前にいるくらい熱いのに、内臓から冷や汗がダラダラと染み出してくるようだ。

ここは、舞台の上。日本でもっとも有名な演出家が手がけた、新作の上演中だ。
あの、ふしぎな劇場に出会ってからの2年間、演技に集中してきた甲斐あって、優子はようやく重要な役に抜擢された。毎日毎日、演出家の怒声を浴びながら稽古を続けて、やっと迎えたのが、今日の初日だ。

まわりには、錚々《そうそう》たる名俳優たち。
さらには何百人もの観客の目が、優子に注がれている。
役に没頭していたつもりなのに、どうしてもその目を意識して芝居に入り込めない。

衣装がどんどん重くなり、半開きになった口の中は、カラカラに渇いていく。

何だっけ、何だっけ、何だっけ……。
焦れば焦るほど何も口から出てこない。
さっきまで覚えてたのに……。

その間にも、観客の視線が、優子を試すように突き刺してくる。

こんな大事な場面で、どうして？
どうしてわたしはいつも……。わたしだけがいつも……。

大きなチャンスを逃したんです

優子　あれ……？

支配人　お気づきになりましたか？

優子　え？　あ、あなたはもしかして、あの……劇場の。

支配人　お久しぶりです。

優子　ここ……あの劇場だ！　ああ……やっと会えた！

支配人　お元気そうで何よりです。

優子　お元気そうでって、わたし、あなたに会うために、何度もここに来ようとして……でも、全然見つからなくて……。どうしたら会えるのかわからなくて……。

支配人　そうでしたか。どうしてわたしを探していたのです？

優子　それは……。あ、あれ、そういえば、わたしさっきまで、舞台の上にいて……。

支配人　ええ、どうなさったのですか？

優子　セリフを言おうとした瞬間に、意識が飛んで……。

支配人 それで?

優子 違う! 意識じゃなくて、セリフが飛んで……。それで、意識も飛んで……。

支配人 そうでしたか。

優子 ああっ、あんなに練習してたのに! 今日の舞台にすべてをかけてたのに。あー、わたし、何やってんだろ……。

支配人 まあ、そう落ち込まないで。

優子 だって! わたし、とても大きなチャンスを逃したんですよ……? やっとつかんだ、すごく有名な演出家の舞台で。まわりも大物俳優さんばっかりで。だから絶対失敗できなかった。事務所からも「今日は勝負だ。関係者がたくさん見に来てるから、ここで印象づけられるかどうかで、今後の女優人生が決まる」って念押しされてたの。それなのに……。もう、終わりです。わたし、気絶しちゃったんでしょ? 舞台の途中で倒れるなんて、女優失格よ……。

支配人 失敗しても、また次の舞台があるではないですか。

優子 次? そんな簡単に言わないでください! わたし、この舞台で何も結果が出せなかったら、もう、女優やめなきゃいけないのに……。

支配人 どうして、やめなくてはいけないのですか?

優子　だってここ2年、これといった結果を出せてないんです。だから事務所からも「今年の契約、どうしようか」って言われてて……。

支配人　結果を出せていない。まだオーディションに落ちてばかりということですか？

優子　いえ……たしかにドラマとか、映画とか、かなり出られるようになりましたよ。人からもちょこちょこ知られるようになってきて、仕事も増えてきて、休みもないくらい忙しくなった。だけど、この世界はものすごく厳しいんです。細い糸になんとかしがみついてるだけで、いつそれが切れるかわからない。だから、田舎のおばあちゃんに「優子は次はいつテレビに出るんだい？」って聞かれるたびに死にたくなる。悪気がないのがわかってるから、よけいにつらくて……。

支配人　しかしあなたは、順調に仕事が増えてきているのですよね？　しかも今回、著名な演出家が主催する舞台にも抜擢された。好きな演技をする機会が与えられている。それなのにどうして、そんな顔をされているのですか？

優子　抜擢されたっていっても、主役じゃないでしょ！　わたしより若くて、もっと主役をたくさんやってたり、賞とかもバンバン獲ったりしてる子もいるのよ？だからこの舞台で印象に残る演技をしないと、もうあとがないって思って……。

支配人　そんなに怖い顔をなさらないで。あなたにとって「結果が出る」というのは、たとえば、どういったことなのですか？

優子 そりゃあ、主演女優賞を獲るとか、大きな映画の主役に抜擢されるとか……。ゴールデンタイムの連ドラの主役とか、わたしが女優として「売れてる」ってはっきりわかるようなこと……。それが、全然ないんです。

支配人 それでも、2年前のあなたを思い出すと、ものすごく前に進まれているように感じますが。

優子 そんななぐさめいらないんです！　だって……わたし、崖っぷちなのよ？　もっと、誰からも文句言われないくらいすごい芝居しなきゃいけないのに。

支配人 どうしてそんなふうに思われたのですか？

優子 2年間必死でやってわかった。どんなに自分の感じたままに演技をしても、非難してくる人はいる。わたしのこと「あの子、最近よく出てるけど、演技力がいまいち」「大根っぽい」とか言われてるのも聞こえてきて……。だから、ときどきくじけそうになって、どうしていいかわからなくなって、あなたにまた会って話を聞いてほしくて、何度もこの劇場を探したのに……。ああ、やっぱりわたし、女優なんて向いてなかったんだ……！

支配人 向いていない。あなたの演技を批判してくる人の声を聞いて、そう思われたのですか？

優子　そういうわけじゃないけど！　でもどうしたって気になっちゃうじゃない……。あー、どうせわたしなんて、このまま何も成し遂げられないで、ただただ年をとってくだけなの……。もう、終わりよ……。

支配人　しばらく会わない間に、あなたの〈子どもの心〉は、また〈大人の心〉に支配されてしまっているようです。

優子　支配されている？　そんなことありません！　あなたの話を聞いて、〈子どもの心〉を大事にしながらがんばってたのに、何なら裏切られた気持ちよ。……ああ、そうなんだ、やっぱり自分の感情とかじゃなく、みんなに求められることをやらなきゃいけなかったんだ……！

支配人　わたしは何もあの日、〈子どもの心〉を大事にすれば結果が出る、というお話はしていません。わたしはあなたに、ノウハウをお伝えしたわけではありませんから。

優子　な……。わたし、あなたの言ったこと信じてたのに！　やっとわたし、自分のことを認めてあげられそうだった。それなのに、こんなに結果が出ないなんて、また自分を嫌いになりそうで……。ああ……、信じたわたしがバカだったんだ！

支配人　あなたは「結果を出せない自分はダメな人間だ」という強迫観念にとらわれているようです。しかし「結果」というのは、そこまで絶対的に必要なものでしょうか？

「結果だけがすべてじゃないよ」

あれは、妹が高校受験に落ちたときだ。優子はそう言って、泣きじゃくる妹をなぐさめた。

でも言ったそばから、その無責任な言葉の響きに、口に出した自分が嫌になった。いつも優しい妹は、軽くうなずいたが、その涙が止まることはなかった。

結果を出すことから逃げて、ラクをして、自己満足の世界にひたってしまう。この支配人はそういう人なのだろうか？　そう思うと、2年前に素直に言うことをきいた自分を愚かに感じた。

優子は涙を溜めた目で支配人をにらみつけた。

▲この世界が「夢」だとしたら

優子 あなたは「結果だけがすべてじゃない」って言いたいの？　そんなの、人生から逃げてる人の単なる言い訳じゃない。

支配人 言い訳。どうしてそう思われるのでしょう？

優子 もちろんわたしだって、「結果を追わなくても、しあわせに生きていける人がいる」ってことは知ってます。うちのおばあちゃんだって、生まれも育ちも田舎だし、別に何も成し遂げてなんてないけど、いつものほほんとしてしあわせそうだもの。でもわたしは「大自然のなかで野菜でものんびり育てて、毎日穏やかに暮らしていければそれでいい」なんて、とうてい思えないんです。

支配人 おばあさまのような生き方は嫌だと？

優子 いいえ、そういう人の人生を否定してるわけじゃないの。でも、わたしはやっぱり、「あの映画の主演やってた人だ」とか「あのお茶のCM出てた人だ」とか、誰から見てもわかりやすい結果が欲しいんです。

支配人 そんなに、結果が大事ですか？

優子 だから、大事に決まってるじゃないですか！

支配人 もし、人生というものが「夢みたいなもの」だったとしても？

優子 はい？　何ですって？　夢!?

支配人 ええ、夢です。**あなたが生きているこの「人生」と呼ばれるものが、もしかしたら何の実体もない、ただの夢かもしれないとしても？**

優子 ……それって、人生なんてどうせ夢みたいなものだから、結果なんてどうでもいいってこと？　ああ、なるほど。そういうふわっとした話をしてごまかそうって魂胆ね……。やっぱりあなたは「逃げる」話しかしない人だったんだ。そんなの、ただの現実逃避にすぎないじゃないですか！

支配人 ははは。現実逃避ですか。あなたは、目に見えているものは必ず現実だと言い切れるのですか？　これがほんとうに現実かどうかもわからないのに、どこへ逃げると言うのでしょうね。

優子 はあ？　笑わせないで。現実に決まってるでしょう？　わたしたち、こうして会話してるんだし。呼吸もしてる。ほら、ひんやりした温度も感じるし……。

くだらないとばかりに、優子は冷たい息を吐いた。

しかし、明らかな現実の空気に鼻先をじんと冷やされながら、この2年間、優子は何度もこの劇場を探しに訪れたことを思い出した。

「どう考えてもここにあったはず」という一角は、草がぼうぼうに生えた空き地になっていて、あたりの人に聞いても「劇場?」と首をかしげられる。

しかし優子は、今こうしてこの古びた劇場で、硬い椅子に座っている。

薄明かりで陰影のできた、支配人の顔も見える。

これも、現実には存在しない、というのだろうか?

では、わたしは今、どこにいるというのだろう?

そして、いったい誰と、話しているというのだろう?

急に、優子の背筋にゾッと悪寒のようなものが走った。

優子　バカバカしい。わたし、帰ります。
支配人　そうですか。
優子　出口……ねえ、出口はどこ？
支配人　出口？　そんなもの、ありませんよ。

にこやかに言い放つ支配人を見て、不安が確信に変わった優子は、勢いよく立ち上がった。座席部分がバタンと持ち上がる。

暗い。

見慣れない橙色の光が漂っているだけで、ものの輪郭がよくわからない。

優子がいるのは、前から7列目あたり、ちょうど真ん中だ。

左右を見渡すと、おそらく200人くらいは収容できるだろうか。思った以上に広さを感じる。

突然、ほこりっぽい匂いが鼻をかすめた。

優子は、感覚のあまりない足をもつれさせながら、ドアがありそうな斜め右前まで走った。


「こっちじゃない……」

そこにドアはなく、壁しかない。

舞台に近づいてみると、大きな緞帳《どんちょう》が今にもおおいかぶさってきそうだ。

まるで得体の知れない怪物に飲み込まれるような恐ろしさを感じて、急いで左側の壁に向かう。


こちらにもドアはない。……おかしい。

「……じゃあ、後ろなの？」

足元がよく見えない中、壁を伝いながら後ろの席まで階段を駆け上がる。

息がきれて胸が苦しいが、なんとか上り切る。

ふわふわと腰が砕けそうな、体の軸が定まらない不安定さに冷や汗が出る。

そして、最後列の後ろの壁をぺたぺたと触る――。

「嘘？」

優子の顔から、サッと血の気が引いた。

息をのむ音が自分でもわかる。

「そんなはずない……！」

するとと、突然耳元で低い声が聞こえた。

支配人　だから、言ったでしょう？
優子　わっ！　ちょっと何よ!?　なんのつもりなの!?

支配人 驚かせてすみません。

優子 ねえ！　出口はどこよ!?

支配人 言ったでしょう。出口はないのです。

優子 そんな……。じゃあ、あなたはどうやってここに入ってきたのよ!?

支配人 わたし？　わたしはここにずっとおりますから。といいますか、あなた自身がこの劇場、といったほうが正しいでしょうか。

優子 何言ってるの？　もう、意味がわからない……。

支配人 まあまあ、そんなにご心配なさらず。この劇場は、あなたの〈子どもの心〉なのですから。

優子 は……？

支配人 前にいらしたとき、あなたは嘘のない自分の感情を知ることができた。それはあなたが、ここで自分の〈子どもの心〉と向き合うことができたからです。

優子 そうだったけど、だからって何かうまくいったわけじゃ……。

支配人 うまくいく。その発想が出てくるというのはつまり、あなたはふたたび、〈大人の心〉にあやつられてしまっているということです。だから、〈子どもの心〉が本能的にここに来ることを望んだ。ですからあなたがほんとうの意味で〈子どもの心〉を取り戻すことができなければ、ここから出ることはできません。

優子 はあ？　何それ？　もう、いい加減にしてくれない!?

支配人 さあ、まずはいったんお掛けください。お詫びにコーヒーでもお持ちしましょう。

優子は、言われるがままに最後列に腰掛けた。
どこにあったのか、支配人が、赤いマグカップに入った熱いコーヒーを手渡してきた。

無理に結果をコントロールするのをやめる

支配人 どうぞ。熱すぎるかもしれないので、少し冷ましてから召し上がってください。

優子 ……こんなの、飲んでる場合じゃないわよ……！

支配人 まあまあ。焦ったからといって出られるわけではありませんから。

優子　……！　わたし一生、ここから出られないんじゃないでしょうね？

支配人　おや？　先程まで、この劇場に来たくてたまらなかった、とおっしゃっていたのでは？

優子　それは……すぐに帰れると思ったからよ。ねえ、出られるわよね!?

支配人　そんなにうろたえなくても大丈夫です。それに、「一か所に閉じ込められる」なんて、あなたが、ふだんから経験していることではありませんか。

優子　は？　そんな、囚人じゃあるまいし。どういう意味？

支配人　先程お話しした、夢の話です。夢は、どこから始まってどこで終わるかわかりません。しかし夢の世界にいるときは、それが現実だと感じていますよね？

優子　夢ってそういうものでしょ。それがどうしたっていうのよ？

支配人　人間の一生も夢と同じです。気づけば生まれて、気づけば終わっている。夢を見ようとして見られるわけではないように、生まれることもいつ寿命がくるかも、自分では決められない。**いつ終わりがくるのかわからないなら、その間は存分に楽しんだほうがよいのではないでしょうか。**

優子　そんな悠長なこと……。わたしにはのんびりしてるひまはないの！

支配人　そうですか。あなたはとにかく、結果を出すことだけに人生を費やしたい、ということですか？

優子　わたしは女優として何かを成し遂げたいの！　それが人生最大の意味であり目標なの！　それが達成できなかったら、わたしなんて生きてる価値ないのよ……。

支配人　その言葉は、あなたの中の〈子どもの心〉を、また虐待する行為ではないのですか？

優子　な……。子どもだって、いつまでも甘やかしておいていいわけじゃないでしょ？　結果を出すためには厳しい言葉だって必要なはずよ！

支配人　なるほど。あなたはそこまで強く「結果」にとらわれていらっしゃる。しかし残念ながらというか、自然の摂理というか、**人生において、結果は「手放すこと」しかできないのです。**

優子　はい？　手放すって、どういうこと？

支配人　無理に結果をコントロールするのをやめる、ということです。

優子　何それ、いい結果が出るようにがんばるのをやめるってこと？　そんなのおかしいでしょう？

支配人　いいえ。そうではありません。これは厳密には、結果が出そうになる直前から、の話です。

優子の動揺とは裏腹に、支配人の態度は落ち着き払っていた。

軟禁しているのに、それを「夢みたいなもの」とファンタジーに置き換えるなんて。

しかも「結果は手放す」？　抽象的なことばかり話して、また何か大事なことをぼやかされているような気がする。２年前もこうして、この人の話にふわふわと流されて、納得したような気になっていたのだ。

「絶対負けないんだから」。

優子はさっき「飲んでる場合じゃない」と言ったコーヒーを、ゴクリと一口、胃に流し込んだ。

▶手塩にかけて育てた鳩を「手放す」

支配人 わかりやすくお話ししましょう。たとえばあなたが、鳩を育てているとしますね。

優子 鳩……？　あの、鳥の？　手品でシルクハットから出てくる？

支配人 はい。あの、鳩です。

優子 鳩がどうしたっていうの？

支配人 あなたはその鳩を、まだ小さいときから手塩にかけて育て、自分のもとに帰ってくるよう教育しました。しかし、そんなに可愛がって信頼を築いたはずの鳩でも、ある日空に放ったあと、もう二度と戻ってこないかもしれない。どう行動するかは、鳩しだい。あなたにコントロールなどできません。

優子 何それ……。じゃあわたしが全然売れないこととか、舞台で失敗したこととか、ここから出られないこととか、そういうの全部、「しょうがないから、あきらめろ」ってこと？　帰ってこない鳩みたいに？

支配人 あきらめるのではなく「手放す」だけです。その鳩を空に放ったあとに起きたことで、自分を責めてもしょうがない。そう思いませんか？

優子 結果を手放すって……無理ですよ、そんな悟りの境地みたいなこと。どうしたって「帰ってこないのは自分の教育が悪かったからだ」って思っちゃうわよ。それに、反省するのは悪いことじゃないでしょう?

支配人 そもそも「いい」も「悪い」もありませんが、そんなに自分を責めなくてもよいのではないですか?

優子 だって……。自分を責めないと、反省したことにならないんじゃない?

支配人 いいえ。もちろん次に鳩を育てるときのために「帰ってこなかったのは、こういう理由が考えられる」という「検証」であれば、行動の改善につながるでしょう。しかし「帰ってこなかったのは自分がダメだったからだ……」というように、ただただ自己嫌悪に陥るだけの反省をしても、あなたがつらいだけではないでしょうか。

優子 反省するのは、無駄だってこと?

支配人 自分を卑下して、痛めつけるような振る舞いは、極めて無意味だということです。なぜなら、過去の自分をどれだけ責めても、どれだけ傷つけても、起きたことは変えられないからです。

優子 そんなのへりくつよ! そんなこと言われたって、自分をダメだって思うのを、やめられるわけじゃないでしょう？

支配人　それを決めるのはあなたですから、ダメだと思い続けたいならそれでもいい。しかし、現実として、トップアーティストと呼ばれる人でも、すべての曲をヒットさせられるわけではありません。天才起業家と呼ばれる人も、すべての事業を成功させられるわけではない。そのときの結果で、彼らがいちいち自分を否定していたら、それこそ生きづらくて仕方ないでしょう。

優子　そりゃあそうだけど……。だから、結果を出すのがむずかしいからこそ、この世界は「いい結果が出たときだけ喜べる」っていう構造になってるのよ。違う？

支配人　もちろん結果は、出ればうれしいものです。それによって自分を前進させてくれるものでもあります。今までとは違ったチャンスが得られるかもしれない。しかし、その結果を永遠に出し続けた人間はこの世界にほとんど存在しない。**そんなコントロールできない幻のようなものに、いちいち自分の価値を左右されてしまうなんて、あまりにバカバカしいと思いませんか？**

――

白い鳩が一羽、広げたてのひらにのっている。

空に向かって腕を伸ばすと、鳩は勢いよく羽ばたいた。

かすかな風圧を感じたと思ったら、白い翼はどんどん小さくなっていく。

優子の頭の中には、そんな映像が流れていた。

これが「手放す」ということなのだろうか？

しかし、あの鳩が自分の手元に帰ってこないと考えると、胸が締めつけられて、苦しい。

こんな気持ちで、ほんとうに結果を「手放す」なんて禅僧のようなことができるのだろうか。

▲アリとキリギリス

優子　だけど、結果に左右されないなんて、それこそ現実的に無理だと思う。……だってまず、百歩譲って、いや、千歩譲って、人生は夢のようなものっていう仮定にのっかるとしますよ。でも、そんなこと前提にしたら、世界はキリギリスばっかりになっちゃいますよね？

優子　キリギリス？　アリとキリギリスの物語の？

支配人　そうです。目の前の楽しさを優先して、ぐうたらすごして、冬に泣く。あのキリギリスです。

優子　なぜ、キリギリスばかりになると思うのですか？

支配人　だって、夢の中だったら、結果なんて出す必要なくなりますよね？　そしたら、自分で何もがんばらなくてもいいじゃないですか。みんなラクばっかりして、働かなくなりますよ。

優子　そういう方もいらっしゃるかもしれませんね。それはそれで、その方の選んだ人生ですから、よいのではないですか。

支配人　冷たいわね。

優子　ほかの方のことはどうでもよいのです。大切なのは、あなたはどうなのか、ですから。

支配人　わたしが？　わたしだって、ラクできるならラクしたいですよ。

優子　ではもし仮に、今この時間が「夢だ」と判明したとしますよね。

支配人　仮に、ですよね。

支配人　ええ、今が夢だとわかったら、あなたはどうしますか？
優子　どうするかって？　とりあえず、あなたを一発殴らせてもらっていい？　わたしをこの劇場に閉じ込めたから。
支配人　ははは。そんなに殴りたければ、今すぐ殴っていただいてもかまいませんよ。夢なんですから。さあ、わたしのことは忘れて。ここがもし、夢の世界だったとしたら？
優子　……そうね、とりあえず、お金を払わなくていいんだから、高い焼き肉を山ほど食べる。あと、我慢してたケーキも。だって夢なんだから、太ることもないでしょう？
支配人　なるほど。それから？
優子　それから……欲しい服をたくさん買いに行く。あ、お金は払わなくていいのよね。それから、ずっと行きたくて行けてない動物園にも行きたいな。
支配人　それから？
優子　うーん、あと、事務所から恋愛しちゃダメって言われてるから、デートとかしたいなあ。旅行とか、花火大会とか……。
支配人　いいですか。夢というのは、何をしたっていい世界です。夢の中では、象が空を飛んでいようが、海の中を平気で歩いていようが、まったくの「普通」です。もっともっと、もっと自由に考えてみてください。常識なんていっさいありません。何をしても、誰からも何も言われません。誹謗中傷もされないし、ましてや評価もされない。されたとしても夢ですから、痛くもかゆくもありません。

優子 うーん……。そっか、空とかも飛べるんですよね。

支配人 そうです。空でも海でも、どこへでも飛んでいけます。あなたのウインク一つで鳥たちが踊りだすかもしれない。あなたが指をパチンと鳴らせば雲がドーナツに変わるかもしれない。それくらい自由な世界です。

さあ、いざ、夢の中へ。

パチン。

支配人が指を鳴らした。

優子はガクン、とうなだれた。

気づくと優子は、空の中にいた。

体が浮いて、横を風が通り抜けていく。

そう、飛んでいるのだ。


ゆっくりとしたスピードで、ときにビルとビルの合間をくぐり、どこか知らない町の上空をすり抜けていく。家も人も小さく見える。

ウインクをしたら、ほんとうにまわりの鳥たちが翼をパタパタさせて踊りだしたように見えた。

さらに、雲に向かって指をパチンと鳴らしたら、いきなりむくむくっと形を変え、ドーナツになって降ってきた。

重力をまったく感じない、解き放たれた感覚。

気持ちいい。楽しい。

「夢っておもしろい！」

優子は「これは夢だ」と自覚した状態で、夢を味わっていた。

そのままふわふわと飛んでいると、大きな劇場の上空にさしかかった。

それは優子が「いつか立ってみたい」と憧れていた、歴史ある劇場だった。

気がつくと、足が地面についている。

足元を見て顔を上げると、がらんとした広い客席がある。

そう、舞台に、立っているのだ。


後ろを振り向くと、今ちょうど演じている、あのお芝居のセットがあった。

優子の好きなシーンだった。

幼いころ、自分を捨ててまで男と駆け落ちした母親に対して、娘として初めて感情を爆発させるシーン。

「わたしのこと、そんなに嫌いだったの？」

思わず、優子の口からセリフが飛び出していた。


役柄としての感情は「怒り」しかないのに、なぜかそれを通り越して恍惚《こうこつ》としてしまう。

どこからが自分で、どこからが役なのかわからないくらい、役と一体化していた。

体が熱くなり、演技に没頭しているのは感じるが、頭の芯は冴えていて、まわりがくっきりと見える。

いつも、舞台の上では、「失敗したらどうしよう」という恐怖がつきまとっていた。

しかし「これは夢なんだ」と思うと、ずっと自由な気持ちになれた。

楽しさを通り越した、心地よさがあった。


誰もいないはずの客席から、地鳴りのように轟々《ごうごう》と拍手が鳴り響いている。

すると、舞台袖から、タキシードを着た老紳士が黄金のトロフィーを抱えて歩いてくるのが見えた。

彼は、優子のそばまで来ると、「おめでとう」と微笑みながらそれを差し出した。

よく見ると、トロフィーに結ばれた赤いリボンに「最優秀主演女優賞」と書かれている。

優子は感謝で胸をいっぱいにさせながら、舞台の中央で深々とお辞儀をした。

ふたたび「パチン」という音が響き渡った。

がんばらなくてもいいのに、思い切り演じていた

支配人 どうでしたか？
優子 はっ……。何、今、わたし、寝てた？
支配人 はい。眠っておられました。
優子 ってことは、今の……やっぱり夢だったんだ。
支配人 そうです。「夢の中にいる」と自覚したますごしてみて、いかがでしたか？
優子 空を飛んで、それから……。
支配人 それから？
優子 舞台に、立ってました。
支配人 舞台に。お芝居をされていた？
優子 はい……。
支配人 演技は、やめようとされていたはずでしたが？
優子 だって……。
支配人 夢の中という、制約のない自由な世界で、衝動のおもむくままに動いていた、

ということですね。

優子 そ……それは、夢だったから……。

支配人 あなたがおっしゃるように、ほんとうに、キリギリスのようにラクをしたいとしましょう。それならば、舞台に上がっても、お芝居などせずにボーッとしていればいい。なんなら舞台から降りて、アイスクリームでも食べていればいい。しかし、あなたはそうしなかった。がんばらなくてもいいのに、思い切り演じていた。いや「演じてしまっていた」。違いますか？

優子 違う！ それは……。ふだんのクセみたいなもので……。

支配人 しかしあなたは、手を抜かなかった。誰に頼まれたわけでもなく、誰から評価されるわけでもないのに、全力で演じてしまった。それが何を表していると思いますか？

優子 ……わかってる！ わたしがほんとうは演技をしたいってことでしょ？ それがわたしの衝動なんでしょ？ わかってます。ほんとうは、人の評価なんて気にしないで、演技だけ楽しめるなら、そうしたい。前にあなたが言ってた、道端でお芝居するのだって、やってみたいんです。だけど……。

支配人 だけど？

優子　それでも、誰も見てくれなかったら、やっぱりむなしいじゃない……。

支配人　誰かに見てもらいたい。そして誰かの心を動かしたい。それができなかったらむなしい。悲しい。

優子　そう、そうなのよ。「結果に左右されない」なんてやっぱり無理なのよ！　あなたみたいな世捨て人と違って、わたしは、結果を出せないことがどうしても怖いの！

もし夢の世界にいるとしたら、好きなものを食べて好きな場所に行って、ただただ楽しくすごすだろう。

優子は、想像の範囲ではそう思っていた。しかし、実際に舞台を見つけると、つい体が動き、思い切り演じてしまった。

これは、理屈で説明できるものではなかった。それだけに、支配人にキリギリスの話をしたことが、正直きまり悪く感じた。

ただやはり、結果を求める気持ちは、簡単には手放せない。結局「結果を出せなければクビ」といった事態が、この世界には当たり前にあるではないか。

そんな現実的な憤りを抱えながら、優子は、まださっき見た夢の余韻の中にいた。空を飛んでいた浮遊感と、全身で演じきった疲労感の二つが混じり合い、足元がふわふわとおぼつかなかった。

▲結果は、夢から持って帰れない

支配人 結果というのは、幻にすぎません。

優子 は？ 幻？ あなたはそういう夢みたいなことばかり言うのがお好きなようね！ だいたい結果って、もっと現実的な、リアルなものでしょ？

支配人 結果が現実的？ 果たしてそうでしょうか。たとえばさっきの夢の話で言えば、あなたが得た結果というものは、最優秀主演女優賞のトロフィーでしたね。しかし、フタを開けてみるとそれは夢だった。そのとき、あなたはどう感じましたか？

優子 そりゃあ「なーんだ、夢だったのか」って残念だったけど……。だから何？

支配人　わたしが結果というものを、「幻だ」と言い切る理由は、ここにあるのです。

優子　え、どこ？

支配人　結果は、夢から持って帰れない。

優子　結果は……持って帰れない？

支配人　そうです。たとえば夢の中であなたが冒険に出たとします。何海里も超えた、無人島の洞窟にあるらしい100億円の宝物を、仲間たちと探しに出かける。そんな冒険です。この宝物とはもちろん、あなたが心から手に入れたいと願っているものの比喩です。

優子　つまり「結果」ってことね？

支配人　はい。そして、無事その島にたどり着き、あなたの言う「いい結果」……つまり宝物を手に入れたとします。でもその瞬間、パチッと目が覚めてしまった。

優子　それは残念ね。せっかく宝物を手にしたのに、夢だったなんて。

支配人　はい。さっきまで手に持っていたはずの宝物は、もうそこにはありません。あなたの手にあるのは、ジリジリと音を立てる目覚まし時計だけです。つまりここでいう宝物のように物質的なものは、幻にすぎないのです。夢からは持って帰れない。それはおわかりですか？

優子 まあ、わたしも子どもじゃないからわかるわよ。でも、そもそもそれは、人生が夢だったときの話でしょ？

支配人 そうです。もちろん、たとえばの話です。ただ、その夢は、いつ覚めるかわからない。もしかしたら何十年も覚めないかもしれない。だとしたら、人生と夢とは、いったい何がどう違うのでしょう？

優子 笑わせないで！ そんなファンタジーじみた話、現実に思えるわけないじゃない。夢は幻でも、人生は現実よ！

支配人 ただ、そんな夢という幻の世界からでも、現実の世界に持って帰れるものが一つだけあるのです。

優子 え？ ものは持って帰れないんじゃないの？

支配人 先程、あなたは夢の中で演じていましたね。そのときのことを思い出してみてください。どんな気分でしたか？

優子 気分……。すっごく気持ちよかった。充実感みたいなものは、とっても感じました。けど……それが？

支配人 そう、夢から持って帰れるものというのは、それです。

優子 はい？ それって？

支配人 あなたの感情です。

優子 感情？

支配人 夢から持ち帰れるものは、唯一、感情だけなのです。物質ではなく、結果でもない。**ただその時間の中を、思い切り好きなことに打ち込んだことで生まれた感情。**充実感。その気持ちは、夢から覚めた今もあなたの中に残っていませんか？

優子 それは……。残ってます。残ってますよ？ だけど、だけどだから何だっていうの？ その充実感があれば結果が出なくてもいいじゃない、って言いたいの？ そんなバカバカしい……！

支配人 わたしは「結果が出なくてもいい」とは言っていません。ただ、いい結果が出ようが、悪い結果が出ようが、どちらからでも「喜びを得られる可能性がある」という事実を知っていただきたいだけです。

優子 喜びが得られる？ あははは。悪い結果が出て、それでも喜べるお人よしがどこにいるっていうのよ？

支配人 あなたは「何かを成し遂げた」という「いい結果」によってしか、人生の喜びは得られないと考えてきたかもしれません。「賞を獲った」とか「映画の主演をつとめた」といった、わかりやすい結果でしか。しかしほんとうにそれは重要なのでしょうか？

優子　そんなの、重要に決まってるでしょ！

支配人　ほんとうに？　あなたがもっと見つめてあげるべきものは、その「道のり」においてどれだけの感情を味わったか、ではないでしょうか？

優子　道のり……？

支配人　はい。先程の夢から、あなたは「結果」を持って帰ってくることができませんでした。ここでいう結果とは「最優秀主演女優賞のトロフィー」です。

優子　そうだけど、だから何？

支配人　つまりあなたは、現実にはその賞をもらったわけではなかった。しかし「賞」という結果を持って帰れなくても、あなたは演技をしている最中、たしかに強い喜びを感じていた。そして、その余韻……その感情は、いまだにあなたの胸の中に宿り続けている。それは、間違いありませんね？

優子　感情はもちろんあるわよ。だけど、それに何の意味があるの？　そんなの、賞ももらえたほうがうれしいに決まってるでしょ！　だいたい、あなたの言ってることって、「結果よりもプロセスが大事」とか「がんばったんだから、それでいいじゃない」みたいなことでしょ？　そんなぬるい話、今更されても何のなぐさめにもならないの。……もう、だまされない。わたし、もうだまされないわよ！

優子は奥歯を強く噛みしめた。

2年前、この劇場を出たあと、まわりの景色は一変した。友達や家族と話すとき。テレビや映画を見るとき。自分の気持ちの微妙な揺れに、以前よりずっと敏感になった。

あのときは漠然としかわからなかった〈子どもの心〉というものが、少しずつ腑に落ちてきたはずだった。そしてそれが、言葉や実績よりもずっと尊いものだということも、体感として気づき始めていた。

だが、それがはっきりすればするほど、目に見える結果や、まわりからの評価に苦しみがともなった。

わたしの大事にしている〈子どもの心〉を、誰も認めてくれない。

その闇はより深くくっきりと、社会と優子を分断した。

結果を手放すには、結果を求めて全力を尽くさねばならない

支配人 いいえ。わたしは、なぐさめで言っているわけではありません。

優子 え？「がんばったからいいでしょう」って話じゃないの？ じゃあ、どういう意味よ？

支配人 今からお話しすることは、一聞《いちぶん》するだけだと矛盾するように聞こえるかもしれません。

優子 そう？ だからそれは何？

支配人 **道のりから喜びを得たいのなら、「結果を求めて、全力で打ち込まなければならない」**ということです。

優子 全力で？ え？ どういうこと？

支配人 結果を出すために本気で取り組み、自分のすべてを注ぎこんで初めて、喜びを

感じられる、ということです。もちろん、もしあなたが結果を出したいと思っているなら、の話ですし、やみくもに努力を強要しているわけではありません。

優子 でも、ものすごくがんばったのに、いい結果が出なかったら「せっかくがんばったのに損した！」って思っちゃうでしょ？

支配人 ほんとうにそうだと言い切れるでしょうか？　たとえば、先程の冒険の夢を思い出してみてください。

優子 さっきの、100億円の宝物を見つけた話？

支配人 そうです。あなたは道中、船が嵐に巻き込まれたり、追っ手に追われたり、垂直に近い過酷な崖を登ったり、さまざまな困難を乗り越えて、やっとのことでその宝物にたどり着いた。その道のりは大変だったけれど、仲間たちと協力しあって、知恵を絞って見つけたのです。しかし、「やったー！」と喜んだ瞬間に、目が覚めてしまいました。

優子 ええ。せっかく宝物を手に入れたのに、それは幻だった。

支配人 そう。あなたは家のベッドの中にいて、冒険の結果は何も持っていません。しかし、もしもその冒険が、全身全霊をかけてやり抜いたものであったとするならば、どうでしょうか？

優子　全身全霊でって、全力で宝探しの旅をしてたってこと？

支配人　そうです。もしもそれが、渾身の力を振り絞って向き合ったことなら、夢の中のことだったとしても、「なんかわたしたち、よくやってたな……」という喜び、そして爽やかな感情は残らないでしょうか？

優子　爽やか？　まあ……悔しいけど……精一杯やりきった満足感みたいなものは、残るかもしれない。

支配人　では同じ冒険の旅だったとしても、ただなんとなくそこに参加していたとしましょう。途中、何の困難もなく、追っ手もおらず、すんなりと宝物を手に入れた。何なら、家からワープして、いきなり洞窟にたどり着いたとしたら？

優子　それは、ただのラッキーよねって感じ。

支配人　この場合も結局、目が覚めた瞬間に「夢だった」とわかります。そのときに残っているのは、どんな気持ちでしょうか？

優子　うーん、せっかく大金持ちになれるところだったのに、残念だったなぁっていうくらいの感覚かなあ……。

支配人　そう、全力を出していない場合、結果が出なかったときに残るのは「残念な感情」です。もしあっけなく宝物を手に入れたとしても、それを得るまでの「喜び」は感じられません。もちろんほかにも「ああ楽しかった」といった感情くらいは残るかもしれない。しかし、必死で努力して得た宝物であれば、それ以上の「喜び」を感じられるのです。

優子 ……ねえその話、いったい何が言いたいんですか？

支配人 わたしに言えるのは、**「結果が出ても出なくても関係ない」と心から言えるようになるまでには、死に物狂いで力を尽くすしかないということだけです。**そうすることで初めて、「あんなにがんばったんだから」と、自分で自分を許してあげられる余地が生じてくる。

優子 だけど……だけどそれで、道のりから喜びを感じることができたとして、わたしはほんとうにしあわせになれるの!?　あなたは、どうしてそう言い切れるのよ！

支配人 あなたにとって「しあわせ」とは何なのでしょうか？

優子 え……？

支配人 あなたはどう生きれば、死ぬときに「しあわせだった」と思えるのでしょうか？賞を獲れたら？　「大女優」と人からちやほやされたら？　もちろんそれでしあわせと思えるのなら、それを目指せばいい。しかしそもそも、あなたは人生には「しあわせ」と「不幸」の二つの道しかないと思っていませんか？

優子 そうじゃないの……？

支配人 そうやって何でもポジティブとネガティブに振り分けてしまうのは〈大人の心〉の悪いクセです。あなたは自分の進む方向を、自分の手でいかようにも選び取ることができる。それなのに、他人が作った既成概念にすぎない「しあわせ」と「不幸」という2本の道しか選択肢がないと思い込み、なんとしても「しあわせ」の道を進まなくてはと考えている。

優子 だって……しあわせになりたいのは、みんな同じでしょう？　ほかに、どんな道があるっていうのよ？

支配人 **「第三の道」**です。

優子 第三の道？

支配人 はい。

上でもなく、下でもない。

光でもなく、影でもない。

成功でもなく、失敗でもない。

誰かが作った道だけではなく、別の選択肢があるのです。

それは、あなたが作ることのできる道です。

優子 わたしが……?

支配人 あなたにとって「しあわせ」とは何なのか。その「しあわせ」は、他人に決められたものではないのか。そもそも「しあわせ」も「不幸」も、ほんとうに存在するのか。それを自分に、問いかけてみてください。

優子 しあわせでも不幸でもない人生って何よ……。それってほんとうにしあわせなの?

支配人 その答えは、わたしにはわかりません。多くの人は、人生のゴールに「しあわせ」と「不幸」の2本の旗が立っていて、そのどちらかしか選べないと思い込んでいる。しかし、じつはそうではないかもしれない。一度でいいので、そう考えてみてください。

優子　だけど……。ずっとそう思って生きてきたから……。

支配人　今、そこを自分で考えなければ、このまま一生、誰かが作った「しあわせ」「不幸」の道にしがみつくことになります。それでもいいのですか？

優子　それは……。それは嫌です！

支配人　人生というのは、何か大きな結果にたどり着いたからそれでいいということでもない。そもそも、たどり着くところもないと、わたしは思うのです。**あなたが死に向かうまでの行程で、どんな光景を見たのか。何を感じたいと思い、どんな感情を得たのか。それしかリアルではない。**そのことを、忘れないでください。

「死に向かうまでの行程」という言葉を聞いて、優子はなぜか、中学のときの山登りを思い出した。

登山口に立ったとき、「めんどくさい」という思いと、「この美しい山のてっぺんから、どんな景色が見えるだろう?」という好奇心が体を巡った。

実際登ってみると、思った以上にその道のりは険しかった。すべってひじをすりむいたし、木の根っこでボコボコした道を歩くのはとても疲れた。

でも、山頂に着いたときの達成感と、そこで食べたおにぎりのおいしかったこと。あの喜びは、忘れられない。

もしあれが、ヘリコプターで突然山頂に連れて行かれたなら、どうだっただろう?

もちろん山頂から見た景色は、同じように美しいだろう。おにぎりだって、物理的に考えれば同じ味に決まっている。

しかし、そのときの達成感は、自分で登ったときと比べて薄まりはしないだろうか。

もちろん「頂上に着いた」という結果は同じだ。どちらもうれしいだろうし、どちらも澄んだ空気の中で絶景が見られる。

じゃあ、どちらも「しあわせ」なのだろうか？

それは、違う。

わたしは誰かに、山頂に連れて行ってもらいたいわけではない。
自分の足で、そこにたどり着きたい。
いや、その道のりを、思い切り味わいたい。
その時間で人生を埋め尽くせたら、どんなに満たされるだろう。

そうだ、それが……。
それがわたしの、第三の道なのかもしれない。

優子の頭の中にこびりついていた「しあわせ」と「不幸」のY字路。

その2本の分岐は輪郭を失っていき、ただのまっ平らな荒野となった。
360度どこを見渡しても歩いていけそうな、何の制約もない地平線。
そのどこにでも、道を作っていい。
何なら、作らなくてもいい。
わたしはそれを、選ぶことができる。

自由。

優子はそれを、一気に体感した気がした。
開けたことのない扉に手を掛けたような開放感が、心を包み込んだ。

バタン！

そのときだった。

強い風が吹き、何かが強く打ち付けられる鈍い音がした。

出口だ。

さっきまではたしかになかった、重厚な赤い扉が大きく開いていた。

優子は、息をのんでそちらを見た。

▲生まれて初めてプールに飛び込んだ日のこと

支配人 どうしました？
優子 あ……あれは……？
支配人 おや？　扉が。
優子 どうして、扉があるの……？　さっきまでなかったのに。
支配人 出口が、見えたのですね。
優子 え？
支配人 もうお帰りになって大丈夫ですよ。出口は、見てのとおり、あちらですから。
優子 え？　ちょっと……まだ心の準備が……。
支配人 準備？　何を準備する必要がありますか？　あなたはそもそも、早く帰りたがっていましたよね？
優子 そうだけど……。
支配人 まだ何か、ためらうことが？
優子 ……わたし、まだ、怖いんです。

支配人　怖い？　何が怖いのですか？

優子　ここから出たあとのことが。

支配人　どうしてそんなふうに思われるのですか？

優子　だって、この劇場って、すごく現実離れしてるっていうか、なんだかふしぎなんだもの。あなたのこともよくわからないのに、自分のことを深く知ることができた。でも……。

支配人　でも？

優子　劇を見てる間とか、本を読んでる間って、現実を忘れてその世界に没入できるでしょう？　だけど、いざそこを離れると、「結局現実ってこうよね」ってことに巻かれちゃうっていうか……。わたし、この劇場を出て、外の世界で、このまんまの感覚でいられる自信がないんです。

支配人　この2年間のあなたのように？

優子　ええ。だって、あんな大舞台で失敗しちゃったんですよ？　どんなにこれからがんばって演じたとしても、「あの舞台で失敗したダメ女優」ってバッサリ切り捨てられるんだから……。現実って〈大人の心〉で判断する人ばっかりなんだもの。そう思うと、怖くて怖くて……。ねえ、わたしはここを出ても、何にもとらわれないで、自由に演じられると思う？

支配人　あなたは幼いころ、水が苦手でしたよね？

優子　ええ……。どうしてそれを……？

支配人　では、生まれて初めて、プールに飛び込んだ日のことは覚えていますか？

優子　え、何？　プール？

支配人　はい。初めてプールに飛び込んだときのことです。それを、思い出してみてください。

優子　ああ、覚えてます。とにかくすごく怖くって、嫌がって、泣いて抵抗しました。でも、みんながんばって飛び込んでたから、仕方なく飛び込んだ。……地獄でした。

支配人　では、今はどうですか？　プールに飛び込むことは、まだ怖いことですか？

優子　今？　いいえ。さすがにもう、全然怖くありません。あれから何度も飛び込んで、すっかり水にも慣れましたし。でも……それが？

支配人　何をするのにも「最初の1回」はものすごく怖い。でも、一つそのハードルを乗り越えると「あれ、どうしてあんなことに怯えていたのだろう？」と思えるようになる。どんな経験も、その程度のものだということです。

優子 ああ、たしかに、わたしも最初はクラスで手を挙げて発表するのも緊張したし、初めて美容院に一人で行ったときもそうだったなあ。今思うと、どれもたいしたことない。

支配人 そうです。誰でも、初めはそんなものです。**頭の中で「想定」しているだけでは、決してその恐怖を乗り越えられないということです。**

優子 頭で考えてるだけじゃ、ずーっと怖いままだってこと？　じゃあ、乗り越えるために必要なのは……。

支配人 肉体です。

優子 肉体？　えっと、それはつまり、この体ってこと？

支配人 そうです。唯一、想像が生み出した「恐怖」を超越していくためには、肉体を使って、実際の行動によって超えていく以外に方法はありません。

優子 この体……。

支配人 現実的に考えて、まわりの人を怖いと思うのは当然です。〈大人の心〉はわかりやすさを求め、つねに人と比較する尺度で物事を判断します。ですから、あなたが聞いたように、彼らから「あの子、いまいちだね」という評価をされることもあるでしょう。悪い噂も立てられるかもしれない。

優子　そう。それを想像すると、踏み出すのがとっても怖くなる。

支配人　しかしあなたが感じているその「恐怖」は、ただの幻です。柳の木が幽霊に見えるようなもので、向き合ってみれば、じつはたいしたことはないのです。

優子　幽霊？　おばけってこと？

支配人　はい。つまり、人からの目です。評価や結果など、自分ではなく人から与えられる相対的な目線のことを、あなたは怖がっている。ただそれだけです。

優子　ただそれだけって……。あなたが言いたいことはわかる。だけど、頭でわかってても、それが怖いんじゃないですか。

支配人　こう考えてみてください。人生というのは、いろいろなものにたとえて話されがちですが、わたしは「遊園地」のようなものだと思っています。

優子　遊園地？

支配人　はい。**人生とはしょせん、遊園地に入って、そこから出るまでの時間でしかないということです。**

優子　でも遊園地って、楽しいことばっかりある場所でしょう？　人生って、そんなに楽しいことばっかりじゃないと思うんだけど……。

支配人　それも、どうとらえるか次第ですが、遊園地を監獄にしてしまう人たちもいますから。

優子　監獄って、そんな怖いこと……。

支配人　たとえば観覧車でもジェットコースターでも、「みんな乗りたいものに乗って思い切り遊ぼう！」と自由に振る舞うのか、「このメリーゴーランドは俺のものだから、君は乗ってはいけない」「君は国籍が違うから、1回乗るごとに5％渡せ」と、監獄のように規則を定め、本来ならこだわる必要のないことにとらわれて生きていくのか。

優子　なんか、そんな遊園地、きゅうくつね。

支配人　「あなたのティーカップは白で、色がないわね。わたしのはピンクよ」と、やたら「人より上であること」を強調する人もいるでしょう。「ジェットコースターに乗ってる俺は、人からどう見えるか」を気にする人もいるでしょう。しかしそもそもここは遊園地ですよね？　思いっ切り楽しもうが、苦しもうが、いずれは出なければいけないんですよね？　ということです。

優子　人はどうせみんな死ぬ……。だから、この遊園地に永遠にいられるわけじゃない？

支配人　はい。あなたも、わたしも、いつか死にます。留まっていようと、動いていようと、必ず終わりはやってくるのです。わたしのすべてをかけてもかまいません。これだけは明確です。人の目を気にしたままでも、自分をダメだと思ったままでも、遅かれ早かれ、誰にでも死は訪れるのです。

優子　……死ぬ。

支配人　そうです。死ぬのはあなただけではありません。あなたを笑う人たちも、それどころか、この地球すらも、いつか死んでなくなってしまうのです。であれば、何を恐れるというのですか？

優子　そうだけど……。

支配人　結果はコントロールできない。しかし、自分がすごすであろう時間を、喜びを感じる時間にすることはできる。それができるのは、ほかの誰でもなく、あなただけ。あなたの肉体、それだけなのです。

優子は、右手でそっと自分の顔の輪郭をなでた。
すべすべとして、やわらかく、少しひんやりしている。
そして、両手で肩を抱いてみた。

最近、痩せすぎだと事務所のマネージャーに言われたが、たしかに骨ばっている。
でも、愛しい自分の体だ。

そうか。想像しているだけのうちは、絶対に現実は動かない。
だから、想像を、この肉体が超えていかなくてはならないのだ。
それは、わたしにしかできないこと。
ほかの誰にも、できないことなのだ。

優子は、ゆっくりと立ち上がり、大きく深呼吸をした。
生まれ変わったかのように、頭がすっきりとした。

そして、扉から漏れてくる光に視線を向けた。

あなたは、この世界を信じなくていい

優子　わかりました。わたし、ここから出ます。やっと、出る勇気が湧いてきました。でも……最後に、一つだけいいですか？

支配人　何でしょう？

優子　あなたは、誰なんですか？

支配人　え？

優子　あなたは誰で、この劇場はいったい、何のためにあるんですか？

支配人　どうしてそれを、知りたいのですか？

優子　だって……。わたし、自分が何を感じてるのか、そんなこともわかってなかった。自分のことなのに。自分にしかわからないことなのに。だから、それを教えてくれたあなたのことを知りたいって思うのは、当然じゃない？

支配人　なるほど。しかし、その質問に、答えはありません。

優子　え？　答えがないって……じゃあ、あなたの存在は？　この場所のことは？　どう説明するのよ？

支配人　この世界は、説明できるものだけでできているわけではありません。たしかに、〈大人の心〉で考えれば、すべてが氷解するような答えがどこかにあるのかもしれない。しかし、〈子どもの心〉で世界を見てみると、方程式では解けない事象ばかり。あなたは、遊園地にいるのです。何かの問題を解くためにこの世界にいるわけではありません。

優子　それは、そうかもしれないけど……。でも、あなたのおかげなのよ？　あなたに出会えなかったら、わたし、ずっと他人の価値観に引っ張られてることに気づけなかった。だから……。

支配人　**あなたはこの世界を、それほど信じなくてもいいのです。**

優子　え？　どういうこと？

支配人　世界……つまり、自分以外のものに振り回されないでほしい、ということです。多くの人が、自分自身の思いよりも「人からバカにされたくない」「人から愛されたい」「人から笑われたくない」「人より特別な自分になりたい」という他人ありきの考えを前提に生きてしまうため、身動きが取れなくなってしまいます。

優子　それは、〈子どもの心〉より〈大人の心〉を優先しちゃうから？

支配人　はい。〈大人の心〉で、他人からどう見られるかばかり気にしてしまうと、自分の足で踏み出すことができず、どうしても、「偶然人生を変えてくれる何か」が起こるのを待つしかなくなる。いわば、**誰かが勝手にかわいそうな自分を見つけ出して、陽の当たる場所に連れ出してくれる日を、ただただ待ってしまっているのです。**

優子 映画のヒーローみたいな？　そんな救世主みたいな人が現れるって、思っちゃってるってこと？

支配人 はい。しかしそんなことは実際に起こるのでしょうか。ただ待っていさえすれば、誰かが勝手にあなたを見つけ出して、救い出してくれるなんてことがあるのでしょうか。起こるとしても、その確率はどれくらいでしょうか？

優子 そんなことは……起こらないわね。でも、仮に世界はそうだったとしても、わたしにとって、あなたは、わたしを助け出してくれる人だった。単なる偶然だったけど、あなたと出会えたから、わたし……。

支配人 それは大変光栄です。しかし、わたしは救世主なんかではありません。

優子 こんなにわたしに寄り添ってくれたのに？

支配人 あなたが本気で自分と向き合い、動いたからこそ、わたしが言葉を発し、あなたが何かを感じた。ただそれだけのことです。

優子　わたしは苦しかったことを、ただぶちまけただけだった。だけどそれを、あなたが一つひとつひもといてくれた。一人だったら、こんなふうに思えなかったと思うの。だから……ありがとうございます。

支配人　そんな経験をしたあなただからこそ、もう、一人でも大丈夫です。

優子　え……？

支配人　どうぞご安心ください。これからの人生で、あなたの〈子どもの心〉が黙り込んでしまうことは、何度だって起こるでしょう。そんなときにすべきことは、誰かに「どちらがうまくいきそうですか？」と尋ねることでも、〈大人の心〉に「どちらが間違いない？」と問いかけることでもない。そのことは、もうおわかりでしょう？

優子　はい。

支配人　この世界を作り出しているのはあなた自身なのです。そのことを、あなた自身が理解するしかない。そのことにあなたが気づくことができれば、気づく勇気を持つことができれば、この世界には救世主もヒーローも、必要ないのです。あなたを救い出すヒーローには、あなた自身がなれるものなのですから。

●

その瞬間、いきなり突風が吹いてきた。

砂ぼこりが目に入った気がして、思わず優子は腕で顔をおおった。


外から、眩しい気配がする。

まぶたを震わせながら目を開けると、セリフを飛ばしてしまう前の、あの舞台に戻ってきていた。

大量の光が、優子を刺している。

瞬時に、優子の体は演技をし始めた。

セリフが、喉からではなく体から出てきた。

言葉に感情がのっているのか、感情が言葉になっているのか、よくわからない。

体中を駆け巡る恍惚《こうこつ》。
輪郭を失うほどの光に照らされている。
それなのに、光の強さに負けないほど、自分の存在を強く感じる。
ああ。
言葉にはならない。

ただ、全身が何かを発し、感じている。

その瞬間、優子は、女優でもなく、役柄でもなく、人間でもなく、動物でもなかった。
希望でもなく、絶望でもなく、しあわせでもなく、不幸でもなかった。
ただ今、この瞬間を、道のりの真っただ中を生きている。
そのときに感じる自分の感情を、味わい尽くしている。
ただそれだけだった。

気づけば眼前には、
荒野の地平線が、
ただただ広大にどこまでも広がっていた。

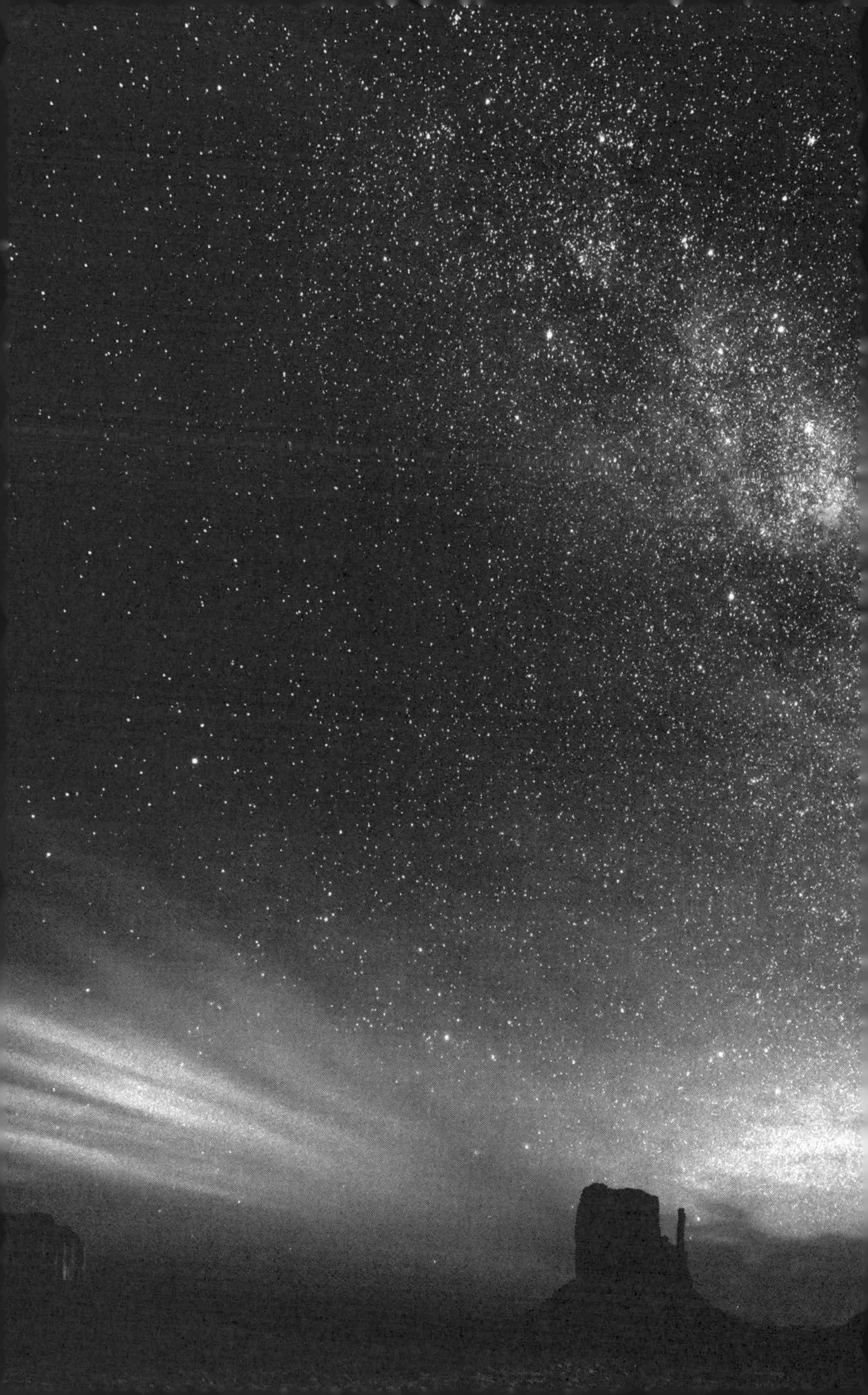

あとがき

昨今流行の「さらっと読める」ような軽い文章量ではなかったので、疲れた方もいらっしゃると思います。まずは、そんな本を最後まで読んでいただいたことに心から感謝いたします。

もちろんそのような「読みやすい」本にすることも考えられたし、可能でした。しかし、そうしなかった理由は簡単で、これまで作ってきた映画、ミュージックビデオ、写真、舞台と同じ「作品」として取り組みたかったのです。

自分がどんな本を作りたいのか？　という声に正直に向き合い、いっさい妥協のない形で世に送り出したい、と願いました。

ゆえに制作は難航を極め、完成までに4年半もの歳月を費やすこととなりました。

このわたしの願いに最後まで寄り添い、完成に導いてくださった編集の乙丸さん（編集集団WawW! Publishing）と文響社さんと、同社の谷さんに心から感謝いたします。

少し規模の大きな話をします。

現在、わたしたち人類は歴史上かつてない繁栄を謳歌しており、つい数十年前までわたしたちを苦しめていた、さまざまな問題を世界レベルで克服しようとしています。

たとえば、フードロスという言葉が出現するくらい余りある食糧に囲まれ、戦争は大戦から局地的なものとなり、寿命はこれまでの倍以上に延び、暴力や殺人は極端に減少し、人権は当たり前の権利として認識されています。

先進国では貧富の差が叫ばれているのは確かですが、歴史的、マクロ的な視点で見ると、わたしたちは人類史上奇跡的ともいえる、圧倒的に恵まれた環境にいるのです。

しかしわたしたちは、その事実を無視するかの如く、さまざまな苦しみを抱えています。

日本国内での年間の自殺者数は、最近でこそ2万人を下回ったものの、長らく3万人辺りで推移している状況でした。アメリカでは向精神薬の処方数は増加の一途をたどり、リアルでもネットでも人々の分断と怒りは増幅し、お互いに浴びせられる言葉は苛烈になるばかりに思えます。

いったい、わたしたちに何が起きているのでしょう？

わたしたちは何が不満なのでしょう？

わたしたちは何に苦しんでいるのでしょう？

それらに対する解決策の如く、さまざまな書籍や記事を目にします。「金持ちになる最速の方法」「成功への近道」「なりたい自分になるために」といったようなものです。その一方、断捨離、ミニマリズム、マインドフルネス、といった言葉を日常で目にすることも多くなりました。誰もが何らかの違和感を持ち、現在のあり方とは違う自分のあり方を模索しているのだと思います。

しかし、そのすべてに共通しているのは「今のあなたではないあなたになる」ということではないでしょうか？

この本で言いたかったことは、「そもそもわたしたちは、自分ではないものになる必要があるのだろうか？」ということです。もっと言えば、わたしたちが抱えている心のもやもやは、「自分ではないものにならなければいけないと思い込まされた結果、本来の自分ではないものになってしまったから、心が苦しくなったのではないのか？」という問いです。

一人の映画監督として、このような本を出すのは少しおこがましい気持ちになります。わたしは心理学者でも社会学者でもありません。そのような勉強を学校でしたわけでもありません。

ただ、一つだけ言えるのは、この問題でわたしも相当苦しんだということです。

わたしは恵まれた家庭に生まれました。

15歳で渡米することもでき、若い時期から世界中を旅し、自分の望みどおりの職業に就き、「欲しい」と思ったものはすべて手に入れてきました。傍から見たらうらやましがられるような人生であったと思います。

しかし、実際にわたしの内面を支配していたのは、正に「何者かにならなければいけない」というどこまで行っても終わることのない強迫観念でした。

2015年、製作期間が5年にも及んだわたしの映画、「ラストナイツ」が公開されました。それまで目標としていた、ハリウッドメジャーでの映画製作という「夢」が達成された瞬間です。最後の公開地、日本での怒濤のプロモーションが終わり、ふと静寂が訪れたとき、わたしはもがいていました。

たしかに、すべてをかけて臨んだ取り組みは、興行成績としては「惨敗」という結果であり、一種の燃え尽き症候群のような状態でもありました。しかし、興行成績が良くなかったことが不満だったわけではありません。何故ならば、やることはすべてやったという自負があったので、そこで落ち込むということはありませんでした。

そんなことより、もっと重要で、自分の奥深いところから聞こえてくる「これではない」という想いがわたしを覆い始めたのです。

わたしは、その苦しみから逃げるように旅に出ました。

行くあてもなく車を走らせ、アメリカのさまざまな場所を転々としていたある日、道を間違え、とある森に迷い込んでしまったのです。

今でもなぜそう思ったのかはわからないのですが、「ここに住みたい」という想いがわたしの中に湧き上がりました。不動産屋で物件を探してみると、ちょうどいい小屋が見つかり、間もなく、そこに住所を移しました。

携帯電話の電波が届かないので、衛星アンテナを取り付け、かろうじてつながるインターネットは一昔前のスピードです。もっとも近いスーパーマーケットまで車で30分かかり、そこで数週間分の食料を買いだめするのと、冬には薪を取りに行くこと以外、一歩も家から出ないということも普通の生活が始まりました。

家は標高１６００メートルのところにあるので、星がとてもきれいです。

そんな環境の中に身を置くと、いろんなものが見えてきます。

大事なものと、そうでないもの。
必要なものと、そうでないもの。

引っ越してすぐは安息どころではありませんでした。
映画の「失敗」の後処理に追われる毎日でした。
昼夜を問わず送られてくるエージェントや弁護士からの要求に即座に対応せねばならず、スマホを握ったまま寝るという日々で、星を見ている余裕すらありませんでした。

ある夜、眠っていると、いつものようにメールが入り目を覚まし、すぐに対応しようと握りしめていたスマホを操作しはじめたわたしに、突然、声が聞こえました。

「Heal yourself first（まず自分を癒やせ）」

とその声は、ハッキリとした英語でわたしに伝えました。

本当にびっくりしました。こんなことはそれまで一度もなかったのですが、こんなにハッキリと誰かがわたしの内側から声をかけてくれている。そしてその声は圧倒的な信頼感と説得力に満ちた、昔から知っている人のような声だったのです。

しばらく、真っ暗な部屋を見つめたわたしは、その声に従い、スマホを枕元に置き、眠りにつきました。

次の朝、わたしはそれまで先送りにしていた「自分と向き合う」という作業に取り組みはじめました。

もちろん、その作業はそれまでもやってきたつもりでした。しかし、どこかで真剣さが足りていなかったのだと思います。やらなければいけないこと、に時間を取られ、一番重要なことを先送りしていたのです。

それはあたかも、仕事で忙しく、子どもの話をちゃんと聞いてあげられていない父親のようなものでした。

もうみなさんお察しとは思いますが、この本に登場する「支配人」はわたしです。しかし、同時に「相談者」でもあるのです。登場する相談者の悩みは、形は違えど、わたしが悩み苦しんできたものと同じです。

その一つひとつに、真剣に向き合って出してきた答えが支配人によって語られています。

わたしは、みなさんにえらそうなことを言えるような人間ではありません。悟りを開いた聖人君子でもないし、徳が高いお坊さんでもありません。ただ言えるのは、わたしは自分の苦しみに向き合ったということです。自死をも考えるほどの苦しみにも向き合いました。それだけは胸を張って言えます。

もちろんすべての問いに答えが出たわけではありませんし、この作業は死ぬまで続くものだと思います。


ある夜、雪に閉ざされた家の窓から、とてもきれいな月が見えました。

「なんて美しいんだろう」。そう感じたのと同時に、一つの気づきがありました。

「あの月は自分で美しくなろうとなんて思っていない。ただそこにあり、太陽の光を反射しているだけなんだ」と。

芸術を志し、美を追求するのが生業のわたしにとっては、自分が恥ずかしくなった瞬間でした。「何かをしよう」「どうにかしよう」ではなく、「ただそこにいる」だけでいいではないか。

そう思えたのです。

最後に、わたしがこの本でみなさんにお伝えしようとしていることが「答え」だと思わないでいただきたいです。

そもそも人からもらえる「答え」など存在しないと思います。すべてはみなさん一人ひとりが自分に問いかけ、答えを導き出すことだと思います。

とても苦しい道のりだと思います。しかし、その苦しい道のりの途中途中で、同じような苦しい道を歩いて、まだ倒れずに歩き続けている誰かがいるんだ、という事実を思い出して、少しでも希望を持っていただければ、本望です。

紀里谷和明

姉、岩下桂子に捧ぐ。

担当編集による編集後記

長かった本書を、ここまでお読みいただきありがとうございます。ＷＥＢ上に、「編集後記」といった趣の文章を公開しましたので、お知らせさせていただければと思います。

本書の制作には約４年半の月日がかかっているのですが、その間に、我々編集陣の身に何が起こったのか？　のお話をしております。本書の10ページに「すべてが実践によって検証済みである」と書かれている秘密も、ここで明かされています。

「紀里谷和明氏の本を作ったら人生を無茶苦茶にされた話」

https://bit.ly/3dO3iB8

QRで開く!

またぜひ本書の感想や、ご質問がありましたら、お寄せいただけると、今後の活動の励みにさせていただけるのでうれしいです。いただいた感想・ご質問は、すべて紀里谷監督にお見せいたします。

感想・ご質問送付先フォーム　https://bit.ly/2XSz2Qb

QRで開く!

編集集団 WawW! Publishing 乙丸益伸

紀里谷和明（きりや・かずあき）

映画監督・写真家。1968年、熊本県生まれ。04年に自らタツノコプロの代表に直談判し実写化の権利を獲得して撮影したアニメ『新造人間キャシャーン』の実写版映画『CASSHERN』を発表した後、09年には主演に江口洋介を迎えた『GOEMON』を公開。15年にはクライブ・オーエン、モーガン・フリーマン出演の映画『ラスト・ナイツ』で監督としてハリウッドデビュー。

15歳の時に単身渡米し、94年に写真家としてニューヨークを拠点に活動を開始。米『VOGUE』誌などのファッション誌をメインに活動し、日本ではSMAP「らいおんハート」、Mr.Children「NOT FOUND」などのCDジャケットを撮影。その後、THE BACK HORNのデビュー曲を皮切りに、宇多田ヒカルの「traveling」、「SAKURAドロップス」、「光」などのミュージックビデオを手掛けた後に映画監督へ。現在は、天童荒太の小説『悼む人』のハリウッドでの実写版映画の撮影を控えている。 Twitter：@kazuaki_kiriya

地平線を追いかけて満員電車を降りてみた
自分と向き合う物語

2020年8月12日　第一刷発行
2024年7月23日　第五刷発行

編集協力　編集集団WawW! Publishing 乙丸益伸（Twitter：@masumasu_o）
構成協力　倉橋孝則、駒形響
装幀　水戸部功
本文デザイン　bookwall
校正　株式会社ぷれす
本文写真　istock.com/den-belitsky（P144-145）
John M Lund Photography Inc/ゲッティイメージズ（P178-179）
istock.com/Andreas_Jensen（P206-207）
Diego Fiore - stock.adobe.com（P299）
istock.com/MATJAZ SLANIC（P392-393）
idizimage/ゲッティイメージズ、istock.com/MoreISO（P408-409）
編集　谷綾子
発行者　山本周嗣
発行所　株式会社文響社
〒105-0001 東京都港区虎ノ門2-2-5　共同通信会館9F
ホームページ　http://bunkyosha.com
お問い合わせ　info@bunkyosha.com
印刷・製本　中央精版印刷株式会社

 ISBNコード：978-4-86651-165-8 Printed in Japan
この本に関するご意見・ご感想をお寄せいただく場合は、郵送またはメール（info@bunkyosha.com）にてお送りください。